성경에서 배우는 ACTING

차태호

성경에서 배우는 ACTING

차태호

연극과인간

목차

1부

2부

1부

1. 이 책을 쓰는 이유

대학에서 25년간 연극과 뮤지컬, 연기를 가르쳐 왔다.

학생들에게 매번 듣는 말, "교수님, 어떻게 하면 연기를 잘할 수 있어요? 가르쳐 주세요!"

난 이런 질문을 받을 때마다 일관되게 그 방법론을 제시했다.

희곡(대본)을 소리 내 읽어라. 100 작품 이상. 한 작품을 100번 이상. 그러면 네가 하고 싶은 작품과 연기하고 싶은 장면, 배역이 마음속에 자리 잡을 것이다. 그리고 가장 객관적인(사실적인) 자료를 찾아라. 작품의 배경, 작가의 메시지, 지리적 위치, 환경적 조건, 역사적 배경, 인물과 인물의 관계 등 대본 속에 담겨 있는 실오라기 같은 단 한마디 대사에서 내가 연기할 인물의 내적 조건, 외적 조건을 찾고, 그 장면에서 그 인물이 왜 이런 동작과 대사를 하는지 그 까닭을 찾아라.

그러기 위해선 상상과 집중이 필요하다. 상상력과 집중력을 길러라.

상상력이란 호기심에서 시작하고, 그 호기심이 "왜?"라는 질문의 꼬리를 계속 이어 간다. 꼬리에 꼬리를 무는 질문이 상상력이다. 그러면 일관된 행동과 대사의 논리가 성립된다.

자기 자신의 행동(몸짓, 소리짓)이 정당성을 찾으면 그것을 밀고 나가는 집중력, 즉 몰입 능력이 필요하다. 몰입 능력은 반복, 또 반복연습으로 획득된다. 연습량이 부족하면 연기를 잘할 수 없다.

상상력과 집중력은 연기를 잘할 수 있는 새의 양 날개이다. 날개를 활짝 펴고 높은 하늘을 자유롭게 마음껏 날아라. 그게 연기를 잘하는 것이다.

하지만 여기엔 선결 조건이 존재한다. 배우의 기본 구성요소 — 지성과 감성, 신체와 소리. 이 4가지를 5년, 10년 동안 갈고 닦아야 한다.

지성과 감성의 댐에 충분한 물을 저장해야, 필요할 때 필요한 곳에 알맞게 사용할 수 있다. 또한 신체와 소리도 그 기능을 적절히 사용할 수 있도록 그 기술들을 연마하여야 한다. 다시 말해 운동 능력(무용)과 말하기(화법, 가창)을 꾸준히 반복적으로 연습하여야 한다.

이때 중요한 것은 혼자 하는 연습과 훈련은 삼가야 한다는 것이다. 연습과 훈련을 혼자 하게 되면 이 훈련이 잘하는 것인지, 내가 좋아지고 있는지 분간할 수 없다. 반드시. 파트너 또는 코치, 지도자와 함께 훈련하는 것이 중요하다.

연기예술은 반드시 파트너, 상대 배역과의 호흡과 교감, 교류로 상승효과를 만들어 낸다. 내가 연기를 잘하려면 상대 배역(연기자)이 나를 자극, 도발시켜야 하고 그것에 대한 반응이 가장 효과적일 때 좋은 연기가 나오는 것이다.

이렇게 배우는 최소한 2~3년, 4~5년, 10년 이상의 수련 기간이 필요하다. 한두 달 교습으로 배우가 된다면 그런 배우는 한두 달짜리 배우가 될 뿐이다.

어떤 배우가 되고 싶은가? 그 정답은 자기 자신에게 있고, 자신의 한계를 넘어서는 훈련과 연습에서 나온다는 그것은 자명한 이치이다.

세상에는 수많은 연기 책이 존재한다. 또한 연기 방법도 제각각이고 그 스타일도 다르다. 그러나 성경 말씀이 모든 지식과 지혜의 근원임을 안다.

물론 이 책이 크리스천만을 위한 지도서는 아니다. 연기자가 되려고 꿈을 가진 이들이 더 진실의 모습, 진리의 깨달음을 통해 참 '**진**'의 세계를 느낄 수 있으며, 인간이라는 존재를 체득할 수 있는 방편이 되어 선한 인간들이 만들어 내는 아름다움, 연기가 만들어 내는 '**미**'의 세계를 체험하는 바람이 있다.

2. 연기란?

배우가 관객 앞에서 목표를 가진 행위(몸짓, 소리짓)를 실현하는 것이다.

배우는 상대 연기자의 마음을 읽고, 상대 연기자의 마음을 감동을 주는 일, 그리고 그것으로 관객들의 눈과 귀. 마음을 감동을 주는 일을 하는 사람이다.

그 일관된 일(행동) 속에 아름다움, 즉 **미**(美)가 존재한다.

안정적인 호흡, 발성, 공명, 발음, 특색있고 있는 소리(음색) 그리고 소리 전달 과정. 균형, 비율, 힘(Force, 에너지), 리듬감, 탄력 있고 유연성 넘치는 신체 움직임이 등장인물의 사상(철학, 眞과 善)과 결합하여 창조적인, 세상에 하나밖에 없는 특별한 존재를 만들어 내어 그 값어치를 가지게 하는 것!

이것이 연기예술의 창조 과정이다.

연기예술의 창조 과정은 연습에서 시작되고 공연(관객 앞에서의 실연)을 통해 완성된다.

무엇을 어떻게 연습할 것인가?

첫째, 자기 자신에 대한 연습과 훈련이 필요하다.

■ **지적 능력**(지성)**. 대본을 이해하고 분석하는 문해력을 향상시켜야 하며 사건과 인물에 대하여 눈물과 웃음, 탄식과 안타까움, 동정심을 가질 수 있어야 한다**(문학)**.**

■ **공감 능력**(감성)**. 대본을 읽으며 작품의 시공간, 조형, 색채감·무게, 분위기 등을 입체적으로 느낄 수 있어야 한다**(미술)**.**

■ **신체, 움직임 훈련을 지속적으로 향상하게 시켜야 한다. 더 빨리, 더 높이, 더 강하게, 더 느리게, 몸의 중심을 가지고 리듬을 타며 자신의 몸을 가지고 놀아야 한다. 걷기, 달리기, 맨손체조, 수영, 승마, 근력**(무용)**, 유연성 강화, 각종 댄스 능력, 격투 기술, 배우고 익혀야 할 신체 훈련이 필요하다.**

■ **소리 훈련**(호흡, 발성, 발음, 공명)**과 가창**(노래를 부르기) **연습. 필요하면 악기연주까지** (음악) **훈련이 필요하다.**

이상 4가지, 자기 자신에 대한 교육과 훈련이 단계별, 수준별로 계획되어야 하고, 분기별로 평가받아야 한다.

이때 중요한 것이 수련일지(연습일지)이다. 매일 매일 연습하고, 훈련하는 과정이 하루하루 쌓일 때 빛나는 보석으로 거듭날 수 있기 때문이다.

둘째, 역할에 대한 배우의 작업이다.

역할(배역)은 내가 아니다. 타인이다. 그러나 그 역할은 내가 하는 것이다. 여기서 연기예술의 비밀스러운 창조 과정이 존재한다.

내가 아닌 타인(역할)을 내가 한다는 것은 자칫하면 타인을 흉내를 내거나, 모방하거나, 그럴듯하게 재연하는 것에 그치고 만다.

온전히 내가, 내가 아닌 타인(역할)으로 창조될 수 있는가? 거듭날 수 있는가? 이 질문에 대한 해답은 '있다', '없다' 두 가지 다 존재한다.

■ **있다**

무대 위에서, 관객 앞에서, 내가 아닌 역할(배역)로만 존재한다.

관객들이 "소름 끼쳤어", "신들린 것 같아", "저 사람이 그 사람 맞아!", "처음 보는 사람이야!", "괴이해" 등의 반응을 보인다.

■ **없다**

관객들이 "계산된 연기야", "치밀해", "본능적이야", "어디서 본 것 같아", "저 배우 연기 잘한다" 등의 반응을 보인다.

있다, 없다가 중요한 것이 아니라 그 인물(역할)을 연기하기 위한 연구와 접근 방법, 연습 과정을 통해 치밀하게, 철저하게 연기 악보를 만들고 반복된 연습 과정을 통해 체험, 창조 과정을 경험하는 것이 연기예술의 비밀이다.

과정을 즐기는 것! 김치가 발효 숙성되는 것! 눈에는 보이지 않지만 매 순간 연습 조금씩 조금씩 변화되는 것, 그것을 알기에 연습만이 창조의 비밀임을 확인할 수 있다.

나 자신	인물 분석/ 대사 분석/ 움직임 분석 연습을 통한 상대 연기자와의 교감 교류 반복연습. 한계를 뛰어넘는 반복연습	**역할(배역)**

셋째, 공연을 통한 작품 체험하기.

배우의 연기는 극장에서 관객 앞에서 존재한다. 극장(무대)이 없으면 멋진 기술이 존재하지 않고, 관객이 없으면 작품이 존재하지 않으며 예술이라는 효용가치도 존재하지 않는다.

극작가에서 출발하여 프로듀서의 손을 거쳐 기획되고 연출자와 배우들 그리고 수많은 스태프의 정성으로 만들어진 작품이 관객들과 만난다.

호흡한다, 상호 공감 교류한다, 감동의 파도가 밀물 썰물로 교차하며 새로운 모양새를 창조한다, 이것이 공연예술의 백미이다. 이 맛에 연출가도, 배우도, 스태프들도, 관객도 공연예술에 참여한다. 이 맛을 맛보는 것! 이 멋을 즐기는 것! 이 비밀스러운 감동의 문을 열고 들어가는 것! 이것이 살아있는 배우 예술의 궁극일 것이다.

배우는 최종적으로 작품(공연)을 통해 관객과의 만남. 관객과의 교류·교감을 한다. 이것이 배우 예술의 3단계 작업이다.

3. 나는 연기에 대한 재능이 있는가?

"배우는 타고나야 한다." 이 말은 한편으로는 맞고 한편으로는 틀린 말이다.

배우는 선천적으로 타고난 재능과 기질이 있어야 한다. 그렇지만 선천적 재능보다 후천적 노력(교육과 훈련)이 배우로서의 가능성을 보장하여 준다.

배우는 타고나는 것이 아니라 교육과 연습으로 만들어진다. 그렇지만 타고난 재능이 없다면 10배, 20배의 열정과 노력이 필요한 어렵고도 힘든 과정이기에 많은 연기 지망생이 중도 포기하게 되는 것이다.

좋은 열매는 떡잎부터 다르다. 연기를 첫 시작할 때 '과연 나는 배우로서 재능이 있는가?' 하는 첫 질문에 스스로 답해 보기 바란다.

4. 배우의 재능 점검표

아래 20가지 질문을 잘 읽고 점수표에 표시한 후 점수를 합산해 보자.

질문 내용	점수
1. 부모, 형제, 친척 중에 예술인이 있는가?	③ ⑤ ⑦ ⑨ ⑩
2. 나는 흉내를 내기, 따라 하기, 모방하기를 잘하는가? 좋아하는가?	③ ⑤ ⑦ ⑨ ⑩
3. 나는 옷, 맵시와 얼굴에 신경을 쓰는가?	③ ⑤ ⑦ ⑨ ⑩
4. 나는 잘 웃고, 잘 우는가? 표정 변화가 무쌍한가?	③ ⑤ ⑦ ⑨ ⑩
5. 나는 남들에게 예쁘다, 잘생겼다고 하는 말을 종종 들었는가?	③ ⑤ ⑦ ⑨ ⑩
6. 나는 타인에게 내가 이야기하기를 좋아하는가?	③ ⑤ ⑦ ⑨ ⑩
7. 나는 어렸을 적 허풍과 꾸밈말(거짓말)을 자주 하였는가?	③ ⑤ ⑦ ⑨ ⑩
8. 나는 내 신체 비율이 멋지고 적당하다고 생각하는가?	③ ⑤ ⑦ ⑨ ⑩
9. 나는 신체 움직임이 유연하고 운동 능력(율동적) 있는가?	③ ⑤ ⑦ ⑨ ⑩
10. 나는 어렸을 적 미술, 음악, 무용, 문학 등의 조기 예술교육을 받았는가?	③ ⑤ ⑦ ⑨ ⑩

11. 나는 타인의 슬픔과 기쁨, 아픔과 고통에 대한 공감 능력이 있는가? 상대방의 이야기를 잘 경청하고, 적절한반응하는가? (무덤덤하지 않은가?)	③ ⑤ ⑦ ⑨ ⑩
12. 나는 타인과 구분되는 나만의 개성이 있는가?	③ ⑤ ⑦ ⑨ ⑩
13. 나는 눈빛이 초롱초롱, 똘망똘망한가?	③ ⑤ ⑦ ⑨ ⑩
14. 내 목소리는 타인과 구별되는가?	③ ⑤ ⑦ ⑨ ⑩
15. 자기 인생에서 예술 선생님을 만난 적이 있는가? (언제, 어디서)	③ ⑤ ⑦ ⑨ ⑩
16. 여태 것 자기 인생에서 감동을 준 예술 작품과의 첫 만남이 있는가? (연극, 영화, 미술, 무용 등)	③ ⑤ ⑦ ⑨ ⑩
17. 나는 무엇을 만들고, 창조하기를 좋아하 는가?	③ ⑤ ⑦ ⑨ ⑩
18. 나는 호기심과 상상력이 좋은가?	③ ⑤ ⑦ ⑨ ⑩
19. 나는 집중력과 인내심(끈기)이 있는가?	③ ⑤ ⑦ ⑨ ⑩
20. 나는 내 꿈이 있는가?	③ ⑤ ⑦ ⑨ ⑩
합계	

20가지 질문에 스스로 답을 해보자.

200점 만점에 150점 이상이면 배우로서의 재능이 탁월하다.

100점 이상이면 부족한 부분을 채워 노력하면 된다.

100점 미만이면 심각히 고민해 보자.

그렇다고 실망할 필요는 없다. 1% 재능(천재성)보다는 99% 노력이 더 중요하다. 노력하지 않는 천재는 잠깐 피웠다가 사라지는 꽃 같은 존재이다.

배우는 30~40대가 되어야 꽃을 피우며 50~60대에 전성기를 구가하는 마라토너 선수이다.

5. 자기 자신에 대한 배우의 작업

배우가 되려는 이는 위에서 체크한 배우의 재능을 가진 사람이다. 그러나 재능만으로는 부족하다.

어린 시절 아역배우(탤런트)로 시작한 많은 연기자가 청소년기를 거쳐 성인 배우로 성공하는 경우는 매우 드물다. 어린 시절의 아역배우는 부모님의 손에 이끌리어 연출가 선생님, 많은 삼촌, 이모, 고모 들의 도움을 받아 타고난, 선천적인 끼(재능)를 발휘한다.

그러나 아동기를 거쳐, 청소년, 청년, 성년으로 이어지는 10년의 세월 동안 신체적 성장, 정서적 변화, 사회적인 흐름을 따라가지 못한다면 그 아역배우의 재능은 도태되고 만다. 그러기에 청소년기와 청년기에 자기 자신에 대한 배우의 작업은 무엇보다 중요하다.

- **나는 누구인가?**
- **나는 왜? 배우가 되려 하는가?**
- **나는 세상을 어떻게 바라보는가? – 가치관, 도덕관, 윤리, 종교관, 경제관, 환경관, 세계관, 인간관 등**
- **내가 좋아하는 것은 무엇인가?**
- **내가 잘하는 것은 무엇인가?**

■ 나는 무엇을 할 수 있는가?

■ 나의 신체적 움직임은 무엇을 할 수 있는가?

■ 나의 정서적 상태는 어떠한가?

■ 내 음성(소리)의 특성은 무엇인가?

■ 나는 배우(연기자)가 되기 위한 학습(교육과 훈련)이 되었는가?

■ 나는 다른 예술 장르에 대한 취미가 있는가? (미술, 음악, 사진, 문학 등)

■ 내가 하고 싶은 작품(연극, 뮤지컬)과 역할이 있는가?

■ 내가 잘할 수 있는 역할은 무엇인가?

■ 내가 잘할 수 없는 역할은 무엇인가?

■ 내가 서고 싶은 무대(극장)에 있는가?

■ 내가 배우고 싶은 선생님이 계시는가?

■ 나는 준비되어 있는가?

이처럼 배우가 되려는 사람은 자기 자신에 대한 끝없는 질문과 자기성찰이 필요하다. 배우를 그만두는 그 순간까지!

지성 훈련, 감성 훈련, 신체 훈련, 소리 훈련, 이 4가지는 배우를 이루는 구성요소로 배우가 되려는 사람은 10년, 20년, 평생을 두고 갈고 닦아야 하는 운명을 가진 사람이다.

6. 연기의 원칙

첫째, 준비된 훈련된 연기자가 되어야 한다.

연기자가 되고자 하는 사람은 배우 훈련을 반드시 해야 한다. 교육받지 않은, 훈련되지 않은 사람은 고난도의 연기 행위를 할 수 없으며, 그 자신 몸을 다치거나, 마음의 상처를 받을 수 있다.

둘째, 연기는 혼자 하는 게 아니다. 관객과 함께 한다.

연기는 상대 배역이 반드시 있어야 한다. 그리고 보는 사람(관객)이 있어야 한다.

연습 과정에서의 관객은 연출, 또는 액팅코치가 대신한다.

이렇게 연기예술은 배우, 상대 연기자, 관객의 3위가 존재하여야 하는 예술이다.

연기 훈련 과정에서 혼자 하는 연습은 지양해야만 한다.

7. 연기의 원리

배우의 연기는 순환 과정이다.

언어(말) -- 동작(움직임) -- 마음(정서)

이 3가지가 순환 시스템으로 작동한다.

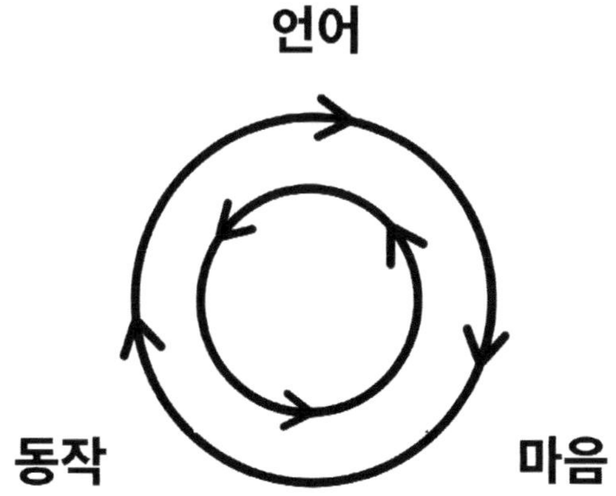

■ **순방향 : 언어**(대본) **→ 마음 → 동작 → 언어**(대본)

■ **역방향 : 언어**(대본) **→ 동작 → 마음 → 언어**(대본)

세상의 모든 연기는 대본(Text Book)으로 존재한다. 사람의 생각이, 마음이 제일 먼저 언어, 문자로 정리된다. 이것이 극작가에서 출발한 희곡(대본)이다.

이 정리된 대본의 문자가 살아 있는 배우의 몸과 마음을 거쳐 관객들에게 전달될 때 제일 먼저 신체(뇌)가 심장박동과 연결되어 정서(마음)를 만들어 낸다. 인간의 마음은 유전적인 요소와 선천적인 기질, 환경적 요소, 사회적 환경, 성장 과정, 교육, 종교, 사상과 신념 등 여러 가지 요소의 종합적 결과물이다. 그러기에 인간의 마음을 읽어 내는 일(심리학)은 매우 어렵고, 고단한 일이다. 배우는 희곡 작가의 희곡에 기대어 연기 작업에 임하게 된다.

좋은, 훌륭한, 위대한 작가의 작품 속에 들어 있는 언어(Text Book)에서 배우는 그 속에 담겨 있는 마음을 읽어 내는 것, 그 첫 번째 작업을 저자는 **語 · 則 · 心 (어즉심)의 1단계 작업**이라 부른다. (다른 연기 책에는 일반적으로 대본분석 과정이라 부르며 배역의 주어진 상황과 행동의 목표를 찾는 것이라 하기도 한다)

2단계 작업은 마음(목표)이 동작을 일으키는 과정이다.

心 · 則 · 動 (심즉동), 즉 배우가 외부로부터 또는 내부에서 어떤 자극을 받으면 뇌(뇌파)와 심장이 동시적 반응을 하게 된다.

마음은 호흡과 심장박동과 정서의 여러 모양으로 동작을 일으킨다. 동작은 두 가지 모양을 가지는데 하나는 신체 동작이고, 또 하나는 소리 동작(언어 과정)으로 구분된다. 극단적인 예를 들자면 무용 예술은 신체 동작만으로 표현하고, 라디오 드라마는 성우들의 목소리만으로 표현된다.

그런데 일반적인 연극, 영화의 연기예술은 신체 동작과 소리(언어) 동작이 같이 맞물려 돌아간다.

■ **선 동작, 후 대사**

■ **선 대사, 후 동작**

■ **대사와 동작을 동시에**

이 3가지 패턴이 작가의 대본 안에서 문장과 문장으로 이어지는 흐름 속에서 연속적으로나 연쇄적으로 작동한다.

여기서 놓쳐서 안 될 요소 한 가지! 동작 없이 대사만, 대사 없이 동작만 하는 연기도 가능하다. 그렇지만 호흡이 없는, 심장의 박동이 없는 연기는 존재할 수 없기에 연기는 액팅(Acting), 움직임이라는 것이며, 그 자체로 살아 있는, 존재 의미를 가지게 되는 것이다.

그래서 배우 훈련의 기초 중의 기초는 호흡과 명상이며, 대본(Text Book)을 소리 내 읽고, 생각하는 것이다.

3단계 작업은 **動 · 則 · 語 (동즉어)**의 단계이다.

마음이 변하여 동작을 일으키고(연기 행위) 그 동작은 반드시 다음 동작으로 연결된다. 그 사이에 마음은 다시 신체(뇌) 활동으로 연결되어 언어(Text Book)의 형상화 과정을 거친다.

좋은 대본은 이 과정이 매끄럽게, 연결되면서, 강약 조절과 템포와 리듬감을 살려주게 되어있다. 이렇듯 3단계 순환 구조, 즉

■ **語 · 則 · 心** (어즉심)

■ **心 · 則 · 動** (심즉동)

■ **動 · 則 · 語** (동즉어)

위 순환 구조와 연쇄작용으로 템포와 리듬이라는 출렁이는 파도에 올라탈 때 배우의 연기는 청산유수와 같고, 비단결 같은 멋진 연기를 선보일 수 있다.

연기의 순환구조와 연쇄작용은 다음의 그림과 같다.

이 그림은 반복, 순환 연습을 통하여 배우가 인물 창조 과정으로 들어가는 것을 보여준다.

회전하여 핵심으로 파고든다.

회전하면서 앞으로 나아간다.

8. 이 책의 사용법

이 책을 이용하여 연기 훈련을 하기 전에 반드시 해야 할 일

1. 적당한, 한적한, 조용한, (방음이 되는) 훈련 장소를 찾아 주변을 정리 정돈한다.
2. 편안하고, 움직임이 편한 복장을 갖춘다.
3. 몸(신체)을 가볍게 스트레칭한다.
4. 호흡과 명상을 통하여 정신을, 마음을 집중시킨다.
5. 연기 훈련은 절대 혼자 하지 말고, 반드시 상대 배역. 2인 1조로 실시한다.
6. 또한 연기코치나 연출의 지도를 받으면 더욱 좋다.
7. 이 책의 모든 대사(말씀)는 반드시, 꼭 소리 내 읽는다. 눈으로, 속으로 읽어 서는 안 된다. 소리에는 마음이 담기고, 에너지가 실리고, 움직임이 살아나기 때문이다.
8. 최대한의 집중력과 상상력을 동원한다. 엉뚱하게 생각하기, 반대로 생각하기, 등등
9. 이를 통해 매번 다르게, 이렇게도 해보고 저렇게도 해보아야 한다.
10. 연기 노트와 연습일지를 기록한다. 이를 통해 가장 좋은 연기 행위의 결과물을 찾으러 갈 수 있다.

9. 주의 사항

1. 이 책에서 제시하는 성경 말씀은 대한성서공회에서 출판한 공동 번역 성서(개정판)이다.
2. Text로서 연기 훈련의 해설은 저자의 상상력을 기반으로 한 것이기 때문에 다소 비성경적이거나, 비논리적일 수 있다.
3. 책을 가지고 연기 훈련하시는 분들은 기도하심으로써 성경의 깊은 진리를 체험하시기를 바란다.

2부

Text 1. 선악과를 따먹는 하와

[1] 편안한 연습 공간에서 연기 파트너와 연기코치와 함께 가벼운 스트레칭과 호흡, 그리고 오늘 함께 할 말씀에 기대어 봅니다.

[2] 준비된 교재와 필기구를 가지고 탁자에서 1차로 말씀을 소리 내 함께 읽습니다. (語則心의 단계)

[3] 교재에 제시된 해설을 읽고 토론합니다.(語則心의 단계) 이 단계에서 장면의 목표, 주어진 상황, 등장인물의 목표와 행동을 파악합니다.

[4] 이제 일어나서 걷고 움직이며, 손짓, 발짓 신체 움직임과 소리 움직임을 이렇게 저렇게, 다양하게 연기하여 봅니다.(心則動의 단계)

[5] 상대 연기자와의 교감, 교류에 대해 연기코치와 함께 토론합니다. 그리고 기록합니다.(動則語의 단계)

[PS] 짧은 대사의 한 장면이지만 생각하고, 고민할 그것이 참으로 많습니다. 한두 번의 연습이 아니라, 열 번 이상의 연습이 필요합니다.

자, 그러면 시작해 볼까요.

성경 말씀 창세기 3장 1-6

(야훼 하느님께서 만드신 들짐승 가운데 제일 간교한 것이 뱀이었다. 그 뱀이 여자에게 물었다.)

뱀 하느님이 너희더러 이 동산에 있는 나무 열매는 하나도 따 먹지 말라고 하셨다는데 그것이 정말이냐?

여자 (여자가 뱀에게 대답하였다.)

아니다. 하느님께서는 이 동산에 있는 나무 열매는 무엇이든지 마음대로 따먹되, 죽지 않으려거든 이 동산 한가운데 있는 나무 열매만은 먹지도 말고 만지지도 말라고 하셨다.

뱀 (뱀이 여자를 꾀었다.)

절대로 죽지 않는다. 그 나무 열매를 따 먹기만 하면 너희의 눈이 밝아져서 하느님처럼 선과 악을 알게 될 줄을 하느님이 아시고 그렇게 말하신 것이다.

(여자가 그 나무를 쳐다보니 과연 먹음직하고 보기에 탐스러울 뿐더러 사람을 영리하게 해줄 것 같아서, 그 열매를 따 먹고 같이 사는 남편에게도 따주었다. 남편도 받아먹었다. 그러자 두 사람은 눈이 밝아져 자기들이 알몸인 것을 알고 무화과나무 잎을 엮어 앞을 가렸다.)

말씀을 소리 내어 읽었습니다. (여러 번)

이제부터 이 장면의 작품 분석을 연구해 보겠습니다.

등장인물

뱀 사탄(나이를 알 수 없음, 성별도 알 수 없음)

여자 하와(아담의 아내, 나이는 20대 초로 상상)

주어진 상황

하느님이 창조하신 에덴동산에서 자유롭고, 평화롭게 살고 있는 여자에게 뱀(사탄)이 찾아온다.

각 인물의 목표

뱀 하느님이 창조하신 에덴동산에서 뱀(사탄)은 여자(하와)를 꾀어 선악과를 먹게 만들어 타락시키고자 한다.

여자 여자는 뱀의 꼬임에 나름 논리를 가지고 저항하나 끝내 뱀의 액팅을 보고, 꼬임에 선악과를 먹게 된다.

행동과 소리

뱀 외모로 신뢰가 가는 표정, 몸집, 안정감 넘치는 보이스 컬러.

여자 순진하고 청순한 또는 백치미가 있는 표정과 몸짓, 또렷한 보이스 컬러 순진한 듯 보이나 욕심이 많은…

키워드

간교, 꼬임, 저항, 마음이 동함

결과

뱀의 간교한 꾀임에 빠져 여자는 선악을 먹게 된다.

그리고 그 선악과를 남편인 남자(아담)에게도 먹여 결국 둘은 에덴동산에서 쫓겨난다.

등장인물 소개

1. 여자(하와)

성경에 등장하는 최초의 여성. 창세기에 등장하며, 하나님이 첫 번째로 창조한 남성인 아담에게 짝을 만들어주기 위해, 그의 갈비뼈를 이용해 두 번째로 창조한 인간. 이름은 남편인 아담이 지어 주었다. 한국 천주교 옛 구약 성서(공동 번역 이전)에서는 고전 라틴어 발음을 따라 '에와' 라고 하였으며, 대중매체에서는 영어 등 타 언어 발음을 따라 '이브, 에바' 라고 하는 일도 있다.

흔히 잊고 있는 것이 있는데, 사실 '하와' 는 아담이 에덴동산에서 쫓겨나기 직전(창 3:20)에 직접 붙여준 이름이다. 실제로 창세기 초반부를 보면 '하와' 가 아닌, 그냥 '여자' 로 나오는 것을 알 수 있다.

아담은 아내에게 하와라는 이름을 지어 주었는데, 하와는 생명이라는 뜻이다. 그 이유는 그녀가 살아 있는 모든 자의 어머니가 될 것이었기 때문이다. (창3:20)

2. 뱀(사탄)

그리스도교에 등장하는 악마로 악마하면 떠올리는 대표적인 인물이자 대명사다. 원래 히브리어로 '적대자' 라는 일반 명사이며 원수(enemy), 음해자(accuser), 적대자(adversary)의 뜻을 가진 보통 명사였다. 모습이나 특징은 명확하지 않으나, 보통은 어둡고 무섭게 표현되는 경우가 많다. 창세기에서 하와를 꼬드긴 뱀과 요한묵시록에서 미카엘과 싸우던 붉은 용이 사탄이라고 한다. 이들을 믿는 집단인 사탄교, 사탄교회도 존재한다.

중세 시대에 사탄은 염소나 산양의 머리를 가진 사람으로 묘사되는데 이는 요한묵시록에서 예수를 따라 구원받을 이들은 예수의 오른편에 선 양떼, 구원받지 못할 사람을 왼편에 선 염소떼로 묘사한 데에서 유래하여 염소에 불길한 상징성이 부여됨에 따라 생긴 이미지이다. 한편으로 이러한 형태의 모습을 바포메트라고 부르기도 한다.

사탄이 고유 명사로 처음 등장하는 것은 욥기이다. 욥기에서는 열심히 살고 있는 욥에게 각종 시련을 내리도록 하느님 앞에서 직접 간언한다.

액팅의 실제를 생각하기, 상상하기, 움직이기, 연기하기

- ■ 연습은 반드시 움직이면서 소리를 내어 하세요.
- ■ 상상하며, 주어진 상황과 목표를 확인하세요.
- ■ 들숨과 날숨을 반복하며 숨을 잘 쉬세요.
- ■ 한 호흡으로 한 문장을 쭉 말하세요. 만약 문장이 너무 길면 접속사 지시어 앞에서 짧게 도둑숨을 쉬세요.
- ■ 주어 / 목적어 / 지시어 / 접속사에서 말을 끊어서 하세요.
- ■ 연기의 순환 구조, 즉 어즉심 / 심즉동 / 동즉어의 순환 구조를 가지며 연기가 앞으로 나아가도록 생각하세요.
- ■ 내 연기의 주어진 상황과 목표가 무엇인지? 왜? 이런 말과 행동을 상대방에게 하는지 확인하세요.
- ■ 상대 연기자의 행동과 소리를 잘 보고 들어서 내 마음속에 어떠한 정서적 반응이 일어나고 어떤 연기(행동과 말)로 반응하는지 점검하세요.

이제 다시 말씀으로 돌아와 연기를 시작합니다.

여러분은 말씀을 이미 여러 번 소리 내어 읽었고 이쯤이면 말씀을 암기하였을 것입니다. 그리고 연기할 장면의 주어진 상황과 장면의 목표, 등장인물의 행동에 대해 충분히 숙지되었을 것입니다. 상상해 보십시오. 내가 사탄이다. 내가 여자(하와)다.

집중하십시오. 시작합니다.

Text 1. 연기의 실제

(야훼 하느님께서 만드신 들짐승 가운데 제일 간교한 것이 뱀이었다. 그 뱀이 여자에게 물었다.)

연기 생각하기

뱀을 의인화하여 보자. (길다, 늘씬하다, 매끄럽다, 혀가 길다)

여자(하와)는 갓 결혼한 신혼 아직 서투른 아내.

여자는 무슨 일을 하고 있었을까? 아마도 과일들을 채집하여 먹을거리를 장만하고 있을 것이다.

뱀은 어떻게 여자에게 다가왔을까? 문워크로? 어떤 표정을 지었을까? 어떤 웃음, 어떤 소리로 꼬드겼을까?

본문 중에 '/' 표시는 말을 끊어서 하라는 표시입니다.

뱀 하느님이 / 너희더러 이 동산에 있는 나무 열매는 / 하나도 따먹지 말라고 하셨다는데 / 그것이 정말이냐?

여자 (여자가 뱀에게 대답하였다.)

아니다. / 하느님께서는 / 이 동산에 있는 나무 열매는 / 무엇이든지 마음대로 따먹되,/ 죽지 않으려거든 / 이 동산 한가운데 있는 나무 열매만은 /

따먹지도 말고 만지지도 말라고 하셨다.

연기 생각하기

사탄에게 논리적으로 강단 있게 말한다, 안 된다고! 하느님의 말씀을 거역할 수 없다고! 손사래를 치면서…

뱀 (뱀이 여자를 꾀었다.)

절대로 죽지 않는다 /

그 나무 열매를 / 따먹기만 하면 / 너희의 눈이 / 밝아져서 하느님처럼 선과 악을 / 알게 될 줄을 / 하느님이 / 아시고 그렇게 말하신 것이다.

연기 생각하기

뱀이 여자를 꼬일 때 어떤 행동을 하면서 말했을까?

선악과를 먼저 따먹으며(행동), "자 봐라! 선악과를 먹었는데도 나는 절대 죽지 않는다! 하느님이 거짓말하신 것이다."

(여자가 그 나무를 쳐다보니 과연 먹음직하고 보기에 탐스러울 뿐더러 사람을 영리하게 해줄 것 같아서, 그 열매를 따 먹고 같이 사는 남편에게도 따주었다. 남편도 받아먹었다.그러자 두 사람은 눈이 밝아져 자기들이 알몸인 것을 알고 무화과나무 잎을 엮어 앞을 가렸다.)

연기의 핵심

여자는 뱀의 행동 — 선악과 먼저 따 먹는 것 — 을 보고 뱀의 유혹에 넘어간다.

→ 말보다는 행동이 더 강한 의미를 전달하는 것이 연기(Acting)이다.

연기 연습 2

Text 2. 카인의 대답

두 번째 연기 연습입니다. 연습을 시작하기 전에 준비할 사항을 체크해 주세요.

적당한 연습 공간, 연습 복장, 활용한 소품, 연습일지, 필기구 그리고 워밍업을 꼭 해 주세요.

이 장면은 야훼 하느님이 등장하십니다. 야훼 하느님은 말씀(언어)으로만 느끼시면 됩니다. 카인의 연기에 집중해 주세요.

성경 말씀: 창세기 4장 8-14.

(그러나 카인은 아우 아벨을 들로 가자고 꾀어 들로 데리고 나가서 달려들어 아우 아벨을 쳐 죽였다.)

야훼 (야훼께서 카인에게 물으셨다.)
네 아우 아벨이 어디 있느냐?

카인 제가 아우를 지키는 사람입니까?
(잡아떼며 모른다고 대답하였다.)

야훼 네가 어찌 이런 일을 저질렀느냐? (하시면서 꾸짖으셨다.)

네 아우의 피가 땅에서 나에게 울부짖고 있다.

땅이 입을 벌려 네 아우의 피를 네 손에서 받았다.

너는 저주를 받은 몸이니 이 땅에서 물러나야 한다.

네가 아무리 애써 땅을 갈아도 이 땅은 더 이상 소출을 내지 않을 것이다. 너는 세상을 떠돌아다니는 신세가 될 것이다.

카인 (야훼께 하소연하였다.)

벌이 너무 무거워서, 저로서는 견디지 못하겠습니다.

오늘, 이 땅에서 저를 아주 쫓아내시니, 저는 이제 하느님을 뵙지 못하고 세상을 떠돌아다니게 되었습니다.

저를 만나는 사람마다 저를 죽이려고 할 것입니다.

말씀을 소리 내어 읽었습니다. (여러 번)

이제부터 이 장면의 작품 분석을 연구해 보겠습니다.

등장인물

야훼 창조주 주 하느님.

카인 아담과 하와의 첫 번째 아들. 밭을 가는 농부.

아벨 카인의 동생.

주어진 상황

카인은 동생 아벨을 시기하여 아벨을 죽이고 하느님으로부터 추방당한다.

왜 카인은 아벨을 죽이는 최초의 살인자가 되었을까?

야훼 하느님에게 드리는 예배(제사)가 합당치 못한 것인가?

카인의 내적 심리(마음)는 어떠했을까?

각 인물의 목표

야훼 하느님 야훼 하느님을 상상하기란 매우 어렵다. 하지만 성경에서는 하느님은 인격체이며, 분노하시며, 사랑이시라고 말한다. 카인의 동생 아벨이 보이지 않자, 그를 찾으신다. 이후 카인의 죄를 물으시고, 카인에게 추방의 벌을 내리신다.

카인 그는 땅을 가는 농부이며 시기심 많은, 혈기 왕성한 청년이다. 동생 아벨을 죽이고, 야훼 하느님이 동생 아벨을 찾자, 왜 나한테서 그를 찾느냐고 강하게 부정한다.

행동과 소리

야훼 하느님 상상하기 어렵다. 무대에 등장하지 않는다. 하느님은 영이시기 때문이다. 그림자로, 소리로 존재한다.

카인 혈기 왕성한 청년의 힘 있는 목소리. 근육이 꿈틀거리는 건장한 육체.

키워드

잡아뗀다. 변명한다. 하소연

결과

동생을 죽인 카인은 야훼 하느님으로부터 추방을 당하고 저주를 받는다.

등장인물 소개

야훼

여호와는 이스라엘의 하나님을 나타내는 고유 명사이며, '여호와, 야훼'로 음역한다. 우리가 '여호와'라고 부르는 하나님의 명칭은 본래 히브리어 4자음 문자 '요드, 헤, 와우, 헤(YHWH)'로 구성되어 있다. 이 신성 4문자(Tetragammaton)는 하나님의 인격적 이름으로 성경에서 창2:4에 처음으로 나타나며, 구약성경을 일관해서 총 6,000여 회 나타난다.

이 하나님의 이름은 한글 번역본의 개역에서 '여호와', 공동 번역에서 '야훼', 영역본에 'Jehovah'라고 음역하고 있지만 그 정확한 발음을 알 수가 없다. 중세 어느 때에 그 정확한 발음을 잃어버린 것이다. 그러므로 신성 4문자에 대한 정확한 발음과 기원 및 의미는 상당한 논의의 주제가 되어왔다.

카인

아담의 첫아들. 밭을 가는 농부. 카인이라는 이름은 히브리어로 '창', '작살', '획득'을 뜻한다. 성경에 따르면 그는 최초의 인간인 아담과 하와의 장남이었으며 성경에서 인류 최초의 살인자다.

액팅의 실제를 생각하기. 상상하기. 움직이기 ,연기하기

- text 1을 연습하셨나요? 어떠셨나요? 제가 제시한 연습 방법과 상상력이 도움이 되셨나요? 정답은 없습니다. 당신이 상상하는 것이 정답일 수 있어요. 틀려도 괜찮습니다. 이렇게 저렇게 반복 연습을 통해 스스로 길을 찾아 가는 겁니다.
- 연습은 반드시 움직이면서 소리를 내어 하세요.

- 상상하며, 주어진 상황과 목표를 확인하세요.
- text2는 어려워요. 왜냐하면 야훼 하느님이 등장하고, 인간의 행동 중에서 가장 무서운 살인 행위가 나오는 연기 장면이에요. 하느님은 연기하지 마세요. 말씀으로만 들으시고 반응하세요.
- 깊은 호흡을 하면서 성경 말씀을 읽으며 상상해 보세요. 그리고 일어나서 움직임을 가지며(행동) 말(소리)해 보세요. 그러면 저절로 행동과 대사에 당신의 감정이 묻어 나올 거예요.
- 큰 소리로도 해 보고, 작은 소리로도 연습해 보세요.

Text 2. 연기의 실제

> (그러나 카인은 아우 아벨을 들로 가자고 꾀어 들로 데리고 나가서 달려들어 아우 아벨을 쳐 죽였다.)

연기 생각하기

카인은 동생을 들로 꾀어내 쳐 죽였다. 무엇으로? 아마도 밭을 가는 농기구이거나 큰 돌멩이로 동생 아벨의 머리를 강타했을 것이다.

이 장면의 시작은 카인이 동생 아벨을 살인하는 장면으로부터 시작한다.

동생 아벨은 형의 폭행과 살인 행위 앞에 무저항했을까?

아니면 극렬한 저항을 했을까?

살인 행위를 한 카인의 호흡과 정서적 상태는 어떠했을까?

극도의 긴장감. 가쁜 호흡. 쿵쾅거리는 심장 소리!

이때 야훼 하느님이 찾으러 오신다.

야훼 (야훼께서 카인에게 물으셨다.)

네 아우 아벨이 / 어디 있느냐?

연기 생각하기

카인의 두 손과 얼굴, 온몸에 동생 아벨의 검붉은 피가 튀어 묻혀 있었을 것이다. 카인의 호흡과 매우 거칠고 맥박과 심장의 고동 소리가 쿵쾅쿵쾅 들렸을 것이다.

야훼 하느님께 대한 대답. 하느님이 보고 계셨구나? 들켰다. 아! 어쩌나!

그러나 카인은 강하게 부정한다. 큰 소리로, 단호하게, 손사래를 쳐 가면서…

카인 제가 / 아우를 / 지키는 사람입니까?

(잡아떼며 모른다고 대답하였다.)

야훼 네가 / 어찌 이런 일을 / 저질렀느냐?

(하시면서 꾸짖으셨다.)

네 아우의 피가 / 땅에서 / 나에게 울부짖고 있다.

땅이 / 입을 벌려 네 아우의 피를 / 네 손에서 받았다. /

너는 / 저주를 /받은 몸이니 / 이 땅에서 물러나야 한다.

네가 / 아무리 애써 땅을 / 갈아도 이 땅은 / 더 이상 소출을 내지 않을 것이다. / 너는 / 세상을 / 떠돌아 다니는 신세가 / 될 것이다.

연기 생각하기

이 장면에서 듣는(경청) 연기(리액션, 반응)가 참으로 필요합니다.

믿음은 듣는 것(경청)에서 시작한다고 합니다.

야훼 하느님의 음성을 듣는 것 그리고 그것으로 내 마음(정서)이 반응하는 것에 집중하세요.

카인 (야훼께 하소연하였다.)

벌이 / 너무 무거워서, 저로서는 / 견디지 못하겠습니다.

오늘, 이 땅에서 저를 / 아주 쫓아내시니, 저는 / 이제 하느님을 뵙지 못하고 세상을 / 떠돌아다니게 되었습니다. / 저를 / 만나는 사람마다 저를 / 죽이려고 할 것입니다.

연기 생각하기

잘못을 빌지 않고, 자기의 죄를 인정하지 않으며, 야훼께 하소연한다. 닭똥 같은 눈물을 흘리며 거짓 연기를 한다. 살려달라고! 반대로 생각해 보자. 카인은 자신의 죄(동생을 살인)를 진심으로 뉘우치면서 하느님께 살려 달라고 하는 것일까? 그렇다면 하느님의 다음 행동은 무엇일까? 여기서 우린 하느님의 모습을 알 수 있다. 궁금하면 성경 말씀을 찾아 읽어 보자. 그러면 알 수, 느낄 수 있을 것이다.

연기의 핵심

성경에 나오는 인류 최초의 살인 행위. 남도 아닌 자기 친동생을 죽인 것(살인 행동)에서 출발한 연기는 언어의 유희(논리적), 즉 말장난, 거짓말로 전환된다. 뇌 속에서 얼마나 빨리 돌아갈까? 그리고 그것이 표정, 말하는 기술(화술)에 어떻게 적용될까?

→ **구체적으로 상상하는 만큼 연기가 된다.**

Text 3. 아브라함의 설득과 회유

세 번째 연기 연습입니다.

첫 번째 연기 연습에서 대본(글) 속에 담겨있는 마음(어즉심)을 읽고, 마음이 움직여 몸짓과 소리(심즉동)로 액팅 과정을 연습했습니다. 또한 말보다는 행동이 연기의 핵심임을 알았습니다.

두 번째 연습에서는 구체적인 상상을 통해 극적 상황에 몰입하여 내 정서의 극한 상황을 표현하는 연습을 하였습니다.

세 번째 연기 연습은 설득과 회유 연기 장면입니다. 논리가 필요합니다.

논리는 정확한 목표와 치밀한 계획, 준비가 선행되어야 합니다.

성경 말씀: 창세기 12장 10-20

(마침 그 지방에 흉년이 들었는데, 그 흉년이 너무나 심하여 아브라함은 이집트에 몸 붙여 살려고 옮겨간 일이 있었다. 이집트 땅에 발을 들여놓기 전에)

아브라함 (아내 사라에게 당부하였다.)

나는 당신이 정말 아름다운 여자라고 생각하오.

이집트인들이 당신을 보면 당신의 남편이라고 해서 나를 죽이고 당신만 살려둘 것이오. 그러니 나를 오라버니라고 부르시오.
그러면 내가 당신 덕으로 죽음을 면하고 대접도 받을 것이오.

(아브라함은 이집트에 들어갔다. 이집트인들이 보기에 그의 아내는 정말 아름다웠다. 이집트 왕의 신하들은 그를 보고 왕 앞에 나아가 아름다운 여인이 나타났다고 아뢰었다. 그리하여 사라는 왕궁으로 불려 들어갔다. 아브라함은 그 덕분에 대접을 받고 남종들과 여종들, 양떼와 소떼, 암나귀와 수나귀, 그리고 낙타를 여러 마리 받았다. 그러나 왕은 아브라함의 아내 사라를 불러들인 벌로 온 가족과 함께 야훼께 무서운 재앙을 받았다.)

왕 (아브라함을 불러 꾸짖었다.)
네가 어찌하여 나에게 이런 일을 했느냐?
왜 그를 네 아내라고 하지 않았느냐?
왜 이 여자를 네 누이라고 속여 내 아내로 삼게 하였느냐?
네 아내가 여기 있으니 데리고 당장 물러 가거라.

(이집트 왕은 부하들에게 명하여 아브라함을 그의 아내와 그의 모든 소유와 함께 내어보냈다.)

등장인물

아브라함 성경에 나오는 믿음의 조상. 원래 고향은 메소포타미아 지방의 갈데아 우르라는 지역에서 살고 있었으나 하느님의 부르심을 받고 고향의 떠나 가나안 지역의 광야에서 목축업으로 생계를 꾸림. 이때 나이는 75세.

사라 아브라함의 아내.

왕 애굽의 왕.

주어진 상황

아브라함이 살던 지역에 흉년이 들었다. 먹을 물(식수)도 고갈되고, 가축들에게도 먹일 물과 양식이 없어 몹시 고통스러웠다. 그래서 살기 위해선 형편이 나은 이집트로 갈 수밖에 없었다. 그러나 이집트의 왕은 권력자였고, 이방인에 대해서 친절하지도 않았다.
그래서 아브라함은 한 가지 꾀(간악한 모략)를 꾸미게 된다.

각 인물의 목표

아브라함 살기 위해서, 아내를 아내라 하지 않고, 누이라 칭하며 자기 목숨을 구걸한다.

왕 어여쁜 사라의 모습에 후궁으로 취하나, 야훼 하느님의 말씀으로 자기 행동을 후회하며 아브라함과 그 가족을 되돌려 보낸다.

행동과 소리

아브라함 왜소한 몸집, 가냘픈 목소리를 지니고 있다. 그러나 그의 목소리에는 단단한 힘을 가지고 있다.

왕 체구가 좋고, 목소리도 또한 높고 우렁차다.

키워드

설득력. 단호함

결과

아브라함은 아내를 누이라 속이고, 이집트에 정착하게 되나, 야훼의 진노함으로 인해 이집트 왕은 사라와 아브라함을 원래대로 내어놓는다.

등장인물 소개

아브라함

구약성서에 나오는 유대인의 으뜸가는 조상의 이름이다. 그 뜻은 '열국(列國)의 아버지(창세기 17:4~5)' 이다. 원래 이름은 아브람이었는데, 야훼와 언약을 맺으며 그의 뜻을 따라 아브라함으로 개명한다.(창세기 17:5)

사라(히브리어: הָרָשׂ)

구약성경에 등장하는 인물로, 아브라함의 아내이다. 히브리어 이름 사라는 높은 계층의 여성을 가리킨다.

성경은 사라가 늙도록 아이를 갖지 못하다가 하나님의 은혜를 입고 90세에 자식을 낳았다고 기록한다. 그 아이의 이름은 이삭이다. 사라는 127세에 가나안 땅 헤브론 곧 기럇 아르바에서 죽었다.

액팅의 실제를 생각하기, 상상하기, 움직이기

- ■ text 1, 2는 아주 짧은 장면입니다. 그러나 생각하고, 고민해야 하는 연기 장면이었습니다.
- ■ text 3은 설득하고, 꾀어 마음을 훔치는 장면입니다.
- ■ 생존하기 위한 비열한 거짓말과 행동이 연기로 펼쳐집니다. 그러나 반드시 움직이면서

소리를 내어 연습하세요.

- **상상하며, 주어진 상황과 목표를 확인하세요.**
- **의자나 탁자, 물병, 물잔, 왕의 상징물 등 소품을 사용하세요.**

Text 3 연기의 실제

연기는 상대방(연기 파트너)의 마음을 움직이는 일입니다.

내가 하고 싶은 말을 일방적으로 전달하는 것이 아니라, 한 문장 다음에 상대방의 표정, 반응에 따라 다음의 문장(말)이 연결됩니다. 즉, '어즉심-심즉동-동즉어'의 순환 과정이 연쇄적으로 일어납니다.

(마침, 그 지방에 흉년이 들었는데, 그 흉년이 너무나 심하여 아브라함은 이집트에 몸 붙여 살려고 옮겨간 일이 있었다. 이집트 땅에 발을 들여놓기 전에)

아브라함 (아내 사라에게 당부하였다.)
나는 / 당신이/ 정말 아름다운 여자라고 생각하오.
이집트인들이 / 당신을 /보면 당신의 남편이라고 해서 나를 / 죽이고 당신만 살려둘 것이오. / 그러니 / 나를 / 오라버니라고 부르시오. 그러면/ 내가 / 당신 덕으로 죽음을 / 면하고 대접도 받을 것이오.

연기 생각하기

아브라함이 살기 위해 아내 사라에게 "아내라 하지 말고 내 누이라 하시오."라고 말한다.

이런 상황에서 아브라함은 아내인 사라에게 어떤 감정으로, 어떤 표정을 지으며 어떤 소리로 행동하며 말했을까?

손을 꼭 잡으며, 포옹하면서, 귓속말로, 눈물을 흘리며 간청했을까? 아니면 남편의 권위를 앞세워 명령하듯이 했을까?

(아브라함은 이집트에 들어갔다. 이집트인들이 보기에 그의 아내는 정말 아름다웠다. 이집트 왕의 신하들은 그를 보고 왕 앞에 나아가 아름다운 여인이 나타났다고 아뢰었다. 그리하여 사라는 왕궁으로 불려 들어갔다. 아브라함은 그 덕분에 대접을 받고 남종들과 여종들, 양떼와 소떼, 암나귀와 수나귀, 그리고 낙타를 여러 마리 받았다. 그러나 왕은 아브라함의 아내 사라를 불러들인 벌로 온 가족과 함께 야훼께 무서운 재앙을 받았다.)

왕 (아브라함을 불러 꾸짖었다.)

네가 / 어찌하여 나에게 이런 일을 / 했느냐? / 왜 / 그를 / 네 아내라고 하지 않았느냐? / 왜 / 이 여자를 /네 누이라고 속여 내 아내로 삼게 하였느냐? / 네 아내가 / 여기 있으니 데리고 당장 물러가거라.

(이집트 왕은 부하들에게 명하여 아브라함을 그의 아내와 그의 모든 소유와 함께 내어 보냈다.)

연기 생각하기

왕은 진실을 알고 난 뒤 어떤 마음이었을까? 어떤 행동을 했을까? 큰 소리로 마구 역정을 부리며 고함치듯 했을까? 아니면 아브라함의 귀에다 대고 귓속말로 조곤조곤 얘기했을까?

어떻게 하는 것이 왕의 권위를 나타내면서 아브라함에게 극도의 공포를 일으키게 만들 수 있을까?

연기의 핵심

연기는 액션이 아니라 **리액션(상대방의 반응)**이 중요합니다.

내가 던진 말에 상대방이 어떤 반응을 하는지, 그리고 그 반응을 받아 다음의 행동(몸짓과 소리짓)으로 연결됩니다.

연기 연습 4.

text 4. 아브라함과 이삭

연기 연습 네 번째도 아주 짧은 장면입니다.

그렇지만 이 장면에서는 아주 복잡한 내면심리가 움직이고 있습니다.

성경 말씀: 창세기 22장 6-10

(번제물을 사를 장작을 아들 이삭에게 지우고 자기는 불씨와 칼을 챙겨 들었다.
그리고 둘이서 길을 떠나려고 하는데,)

이삭 (아버지 아브라함을 불렀다.) 아버지!

아브라함 얘야! 내가 듣고 있다.

이삭 아버지!
불씨도 있고 장작도 있는데,
번제물로 드릴 어린 양은 어디 있습니까?

아브라함 얘야! 제물로 드릴 어린 양은 하느님께서 손수 마련하신단다.

(말을 마치고 두 사람은 함께 길을 떠나, 하느님께서 일러주신 곳에 이르렀다. 아브라함은 거기에 제단을 쌓고 장작을 얹어놓은 다음, 아들 이삭을 묶어 제단 장작더미 위에 올려놓았다.)

등장인물

아브라함

이삭 아브라함의 아들. 이삭은 구약의 인물로, 믿음의 조상 아브라함이 백세에 낳은 아들이다. 리브가와 결혼하여 야곱과 에서를 낳았다.

주어진 상황

120세(?) 나이 든 노인 아브라함에게 하느님은 외아들 이삭을 번제물로 제사 드리라고 명하신다.

아브라함은 하나뿐인 아들을 죽여 제사를 드리라는 하느님께 어떤 마음이 들었을까? 어떤 기도를 드렸을까? 피눈물 나는 간청을 드리지 않았을까!

아브라함의 아내 사라는 이 장면에서 등장하지 않지만 엄마의 마음은 어떠했을까? 아브라함과 어떤 대화를 나누었을까?

20살(?) 청년 이삭은 아버지가 야외로 나가 제사드린다고 하니 마치 소풍가는 듯한 들뜬 기분이 아니었을까!

목표

아브라함 아들 이삭을 죽여 번제물로 드리려 한다.

이삭 아무것도 모르는 아들 이삭은 아버지 아브라함을 따라 나선다. 그리고 순종한다.

행동

장작을 준비하고. 불씨를 준비한다.

아들 이삭에게 등짐을 지운다. 그리고 아들 모르게 밧줄도 준비하고, 칼도 준비한다.

그리고 산에 이르러 제단 앞에서 아들을 밧줄을 묶어 제단 위에 올려놓는다.

아들 이삭은 돌변한 아버지 아브라함의 행동에 아무런 저항을 하지 않는다. 순종한다. 왜? 가능한 일인가?

결과

하느님께서는 아브라함과 이삭의 행동을 보신다. 그리고 축복하신다.

연기 생각하기

120(?) 나이 먹은 노인 역을 어떻게 연기하여야 할까?

걸음걸이는 어떠할까? 몸의 중심은 어디에 있을까? 말투는 어떠할까? 힘은 제대로 쓸 수 있을까?

아들을 제물로 드려야 하는 아버지의 심정은 어떠할까?

내가 겪어 보지 못한 정서를 어떻게 표현해야 하나?

아브라함의 대사 ― "얘야! 번제물로 드릴 어린 양은 하느님께서 손수 마련하신단다."

― 이 말을 아들 이삭에게 할 때 어떤 행동을 하며 말을 할까?

꼭 안아주며, 얼굴을 쓰다듬으며, 얼굴을 맞대고 눈을 쳐다보며, 눈물을 흘리며…

연기의 핵심

내가 경험해 보지 못한 정서를 어떻게 표현해야 하는가?

이 어려운 질문에 대한 답은 한 가지! **관찰과 실험**! 그리고 **상상력과 집중력**, 대체 정서를 찾는 것. 그것은 오로지 연습을 통해 연기 플랜을 만드는 것에 있다.

연기 연습 5

Text 5. 에서가 장자의 상속권을 팔다

연기 연습 1, 2, 3, 4를 통해 배우고 익혀야 할 사항

[1] 대본(말씀)의 전 상황. 대본(언어) 밑에 깔려 있는 Sub Text를 찾는 것, **(어즉심의 단계)**

[2] 목표를 달성하기 위한 가장 적절한 행동을 찾는 것. 행동에는 몸짓과 소리짓이 함께한다. **(심즉동의 단계)**

[3] 상대방의 리액션(반응)에 따라 내 다음 행동(연기)가 이어진다. **(동즉어의 단계)**

[4] 연필, 빨간펜, 형광펜, 포스트 잇, Text에 줄치고, 표시하고, 메모해야 한다.

연기 연습 5는 아주 짧은 대사로 이루어진 장면입니다.

하지만 생각하고, 찾아야 할 주어진 상황과 목표. 행동은 수십 가지입니다.

이 방법들을 찾아 이렇게 저렇게 연습하여 보는 것이 연기 연습입니다.

성경 말씀: 창세기 25장 29-34

(하루는 에서가 허기져 들에서 돌아와 보니 야곱이 죽을 끓이고 있었다.)

에서 (야곱에게) 배고파 죽겠다. 그 붉은 죽 좀 먹자.

야곱 (형에게) 나에게 장자의 상속권을 당장 팔아…

형은 먼저 형이 가진 맏아들의 권리를 내게 파시오.(표준새번역성서)]

에서 배고파 죽을 지경인데 상속권 따위가 무슨 소용이 있어

[이것봐라, 나는 지금 죽을 지경이다. 지금 나에게 맏아들의 권리가 뭐 그리 대단한 거냐?(표준새번역성서)]

야곱 먼저 맹세부터 해. (다그쳐 요구하였다.)

[나에게 맹세부터 하시오.(표준새번역성서)]

에서 (맹세하고 장자의 상속권을 야곱에게 팔아 넘겼다.

그리고 에서는 야곱에게서 떡과 불콩죽을 받아먹은 후에 일어나 나갔다.

이렇게 에서는 자기의 상속권을 대수롭지 않게 여겼다.)

등장인물

에서 이삭의 장남(쌍둥이) 사냥군.

야곱 이삭의 차남(쌍둥이) 집안에서 어머니를 돕는 가사일꾼.

주어진 상황

어머니 태중에서도 싸웠던 쌍둥이 형제. 세상에 먼저 나와 장남이 된 에서(에서)와 그 동생 야곱은 태어날 때부터 선천적으로 기질이 달랐다.

형인 에서는 털이 붉고, 기질이 다혈질인 상남자였고, 동생인 야곱은 조용한 사람이었다.

에서는 아버지 이삭을 잘 따랐고 야곱은 어머니 리브가를 잘 따랐다.

장자권! 하느님이 명하신 장자에 대한 축복권! 동생 야곱은 이 장자 축복권을 형인

에서에게서 빼앗으려 한다.

청년으로 성장한 두 형제. 형인 에서는 들로, 산으로 다니는 사냥꾼이 되었고, 동생인 야곱은 어머니를 도와 집안일을 하는 가사도우미가 되었다.

어느 날! 사냥에서 돌아온 에서, 그날 그는 사냥에 실패하여 몹시 허기지고 힘이 들었다. 야곱은 식사로 붉은 죽을 쑤었다.

각 인물의 목표

에서 몇 끼니를 굶고, 들로 산으로 다녀서 몹시 배고프고 힘들다. 사냥감도 하나도 잡지 못하였다. 눈앞에 놓인 식사(붉은 죽)를 보니 눈이 돌아간다. 당장 허기를 채우는 것이 목표다. 눈에 뵈는 것이 없다.

야곱 때를 기다려 왔다. 인간의 약점, 배고픔을 이용해 형의 장자 상속권을 뺏으려 한다.

행동

에서는 사냥에 실패하고 지치고 힘든 상황의 걸음걸이. 무거운 사냥도구들(칼, 창, 활, 그물)로 다리에는 힘이 빠지고 자기 한 몸도 가누지 못할 정도이다. 소리도 안 나온다.

야곱은 이런 형의 모습(약점)을 파고 든다. 시각적으로 붉은 죽. 모락모락 연기. 후각적(음식 냄새)으로 형을 자극한다. 주걱으로 이리저리 냄새를 퍼트린다. 그리고 형에게 거래를 건다. 나에게 장자 상속권을 팔라고!!

형 에서, 그의 눈에 보이는 것은 오직 (먹을 것에 대한) 탐심이다. 본능적인 침이 흐른다. 순간 이성이 마비된다.

키워드

본능, 야심, 치밀한 계획, 유혹

결과

형 에서는 동생 야곱에게 붉은 죽 한 사발에 장자의 권리를 넘겨준다.

연기 연습 6

Text 6. 어머니 리브가의 술수로 아버지 이삭을 속인 야곱

연기 연습 여섯 번째 장면은 대사의 양이 많습니다. 4명의 배우가 등장합니다(남자 3, 여자 1). 파트너와 함께 말씀을 읽고, 배역을 정해 봅니다. 서로 역할을 바꾸어서도 연습해 봅니다.

동시에 4명이 등장하는 경우는 없습니다. 2명이 등장합니다. 1인 2역으로 연기해도 무방합니다.

우리는 말씀 속에 살아있는 행동(몸짓, 소리짓)을 찾는 것이 목표입니다. 반드시 천천히 여러 번 소리 내어 읽어 봅니다(말합니다). 한 호흡에 한 문장씩. 그리고 상대방의 반응(리액션)에 따라 다음 문장(말)을 이어갑니다.

한 문단(다수 문장의 경우)에서 어떤 문장이 가장 중요한지 체크합니다. 그리고 그 문장을 중심으로 앞뒤 문장의 말하는 속도를 느리거나 빠르게 하여, 말의 리듬을 살립니다.

연기의 실제에서는 한 문장(한 대사)마다 어떤 행동(몸짓, 소리짓)을 해야 하는지 펜을 들어 노트에 메모합니다.

또한 이 장면에서는 여러 가지 소품과 음식이 사용됩니다. 연기를 잘 하기 위해서는 배우는 의상, 소품의 활용을 잘 해야 합니다. 연습용 의상과 소품을 준비하세요.

성경 말씀: 창세기 27장 1-45

(이삭은 늙어 눈이 어두워졌다. 어느 날 그는 큰아들 에서를 불렀다.)

이삭 얘야!

에서 말씀하십시오.

이삭 너도 보다시피 내가 늙어 언제 죽을지 모른다.
그러니 너는 사냥할 때 쓰는 화살 통과 활을 메고 들에 나가 사냥을 해다가 내가 좋아하는 별미를 만들어 오너라.
내가 그것을 먹고 죽기 전에 정성을 쏟아 너에게 복을 빌어주리라.

(리브가는 이삭이 아들 에서에게 하는 이 말을 엿듣고는 에서가 사냥하러 들에 나간 틈을 타서 아들 야곱에게 귀띔해 주었다.)

리브가 아버지가 네 형 에서에게 사냥해다가 별미를 만들어 오라 하시면서, 세상을 떠나기 전에 그것을 잡수시고 에서에게 복을 빌어주겠다고 하시더구나.
그러니 야곱아! 내 말을 잘 듣고 내가 하라는 대로 하여라.
양떼들한테 가서 살진 염소 새끼 두 마리만 끌어 오너라.
내가 그것으로 아버지 구미에 맞게 잘 요리해 줄 터이니 그것을 아버지께 갖다드려라.
그러면 아버지가 잡수시고 세상을 뜨시기 전에 너에게 복을 빌어주실 것이다.

야곱 (어머니 리브가에게 말하였다.)

보시다시피 형 에서는 털이 많고 저는 이렇게 털이 없습니다.

아버님이 저를 만져보시면 어떻게 합니까? 제가 아버님을 놀리기나 한 것처럼 되어 복은커녕 도리어 저주를 받을 것 아닙니까?

리브가 야곱아, 네가 받을 저주는 내가 받으마.

너는 내가 하라는 대로 어서 가서 염소 새끼나 끌어 오너라.

(어머니의 말대로 야곱은 염소 새끼 둘을 어머니에게 끌고 왔다. 어머니는 남편 구미에 맞게 별미를 만들었다. 리브가는 집에 보관해 두었던 큰아들 에서의 옷 가운데서 가장 좋은 것을 꺼내어 작은아들 야곱에게 입히고,염소 새끼 가죽을 매끈한 손과 목에 감아준 다음, 장만해 놓은 별미와 구운 빵을 아들 야곱의 손에 들려주었다.)

야곱 (아버지한테 들어가) 아버지!

이삭 오냐, 네가 누구냐?

야곱 저는 아버님의 맏아들 에서입니다. 아버님 분부대로 요리를 만들어 왔습니다. 어서 일어나 앉으셔서 제가 사냥해다가 만든 요리를 잡수시고 복을 빌어주십시오.

이삭 에서야! 무슨 수로 이렇게 빨리 잡아왔느냐?

야곱 아버님의 하느님 야훼께서 짐승을 금방 만나게 해주셨습니다.

이삭 네가 정말 내 아들 에서인지 만져보아야겠다.

(가까이 오라고 하였다. 가까이 온 야곱을 만져보고 이삭은 중얼거렸다.) 말소리는 야곱의 소린데 손은 에서의 손이라!

(그는 야곱의 손에 형 에서의 손처럼 털이 많았으므로 야곱인 줄 모르고 그에게 복을 빌어주기로 하였다.)

이삭 네가 틀림없는 내 아들 에서냐?

야곱 예, 그렇습니다.

이삭 에서야! 사냥한 것을 이리 가져오너라. 내가 먹고 정성을 쏟아 너에게 복을 빌어주리라.

(야곱이 가져다 바치는 요리와 술을 먹고 마신 뒤)

이삭 (야곱에게) 에서야, 이리 가까이 와서 나에게 입을 맞추어 다오.

(그가 가까이 가서 입을 맞추자 이삭은 야곱이 입은 옷에서 풍기는 냄새를 맡고 복을 빌어주었다.)

아! 내 아들에게서 풍기는 냄새, 야훼께 복을 받은 향기로구나. 하느님께서 하늘에서 내리신 이슬로 땅이 기름져 오곡이 풍성하고 술이 넘쳐나거라.

뭇 백성은 너를 섬기고 뭇 족속들은 네 앞에 엎드리리라.

너는 네 겨레의 영도자가 되어 네 동기들이 네 앞에 엎드리리라.

너를 저주하는 자는 저주를 받고 너에게 복을 빌어주는 사람은 복을 받으리라.

(야곱이 아버지 이삭이 빌어주는 복을 받고 아버지 앞에서 막 물러나 나오는데 형 에서가 사냥에서 돌아왔다. 그도 별미를 만들어 아버지에게 들고 들어가 권하였다.)

에서 아버지, 일어나셔서 이 아들이 사냥해다가 만든 요리를 잡수시고 저에게 복을 빌어주십시오.

이삭 대체 너는 누구냐?

에서 저는 아버님 맏아들 에서입니다.

(이 대답을 듣고 이삭은 그만 기가 막혀 부들부들 떨며 말하였다.)

이삭 누군가가 벌써 사냥해다가 만든 요리를 나에게 가져왔었다. 네가 오기 전에 나는 그 요리를 받아 배부르게 먹고 그에게 이미 복을 빌어주었다. 그 복은 어쩔 수 없이 그의 것이다.

(에서는 아버지의 말을 듣고 소리 내어 통곡하면서 아버지에게 애원하였다.)

에서 아버지! 저에게도 복을 빌어주십시오.

이삭 네 동생이 와서 속임수로 너에게 돌아갈 복을 가로챘구나.

에서 나에게 두 번씩이나 뒷발질하라고 그 녀석의 이름이 야곱이었던가? 저번에는 내 상속권을 빼앗더니, 이번에는 내가 받을 복마저 가로채는구나!

저에게 주실 복은 하나도 남겨두지 않으셨단 말입니까?

이삭 도리에는 어긋나지마는 나는 야곱을 너의 상전으로 삼고, 모든 동기를 그에게 종으로 주었다.

그에게는 곡식과 술도 떨어질 날이 없을 것이다.

에서야, 이제 와서 내가 무엇을 해줄 수 있겠느냐?

에서 (거듭 애원하였다.) 아버지! 아버지께서 빌어주실 복이 하나도 남지 않았다는 말씀입니까?

아버지! 저에게도 복을 빌어주십시오.

(입을 다문 채 말이 없는 이삭 앞에서 에서는 목놓아 울었다.)

이삭 네가 살 땅은 기름지지 않은 땅, 하늘에서 이슬 한 방울 내리지 않는 땅이다.

칼만이 너의 밥줄이 되리라.

너는 아우를 섬겨야 할 몸, 너 스스로 힘을 길러 그가 씌워준 멍에를 목에서 떨쳐버려야 하리라.

(에서는 아버지가 야곱에게 복을 빌어준 일로 야곱을 미워하였다. 에서는 속으로 '아버지 상을 입을 날도 멀지 않았으니, 그때 동생 야곱을 없애버리리라.' 하고 마음먹었다. 리브가는 큰아들 에서가 한 말을 전해 듣고는 작은아들 야곱을 불러놓고 일렀다.)

리브가 큰일났다.
형 에서가 너를 죽이지 않고는 속이 풀리지 않을 모양이다.
그러니 야곱아! 내가 시키는 대로 하여라. 곧 하란으로 몸을 피해 라반 아저씨를 찾아가거라.
네 형의 분이 풀릴 때까지 잠시 외삼촌 댁에 가 있거라.
네 형의 노여움이 풀려 네가 한 일을 잊을 만하면 내가 사람을 보내어 데려오마.
한꺼번에 너희 두 형제를 잃고서야 내가 어떻게 살겠느냐!

등장인물

이삭 아브라함과 사라의 장자(외아들). 나이가 들어 앞이 안 보인다. 후각에 의지한다.

에서 이삭의 첫째 아들. 사냥꾼.

리브가 이삭의 아내. 에서와 야곱의 어머니. 리브가(Rebecca)는 이삭의 아내로 야곱과 에서의 어머니로서 구약성경에 나타난다. 성경 기록에 의하면 리브가는 밧단 아람 출신의 아람인 베두엘의 딸로서 라반의 여동생이었다. 리브가는 밀가(사라의 여동생)와 나홀(아브라함의 형)의 손녀였다. 아브라함과 사라,

그리고 야곱과 레아 이후에 리브가와 이삭도 족장들의 무덤에 묻혔다.

야곱 이삭의 둘째아들.

주어진 상황

리브가는 태중에서 아이들이 싸우는 것을 보고 하나님께 기도한다.

하나님은 리브가에게 큰 자가 어린 자를 섬기리라고 하신다. 이러한 맥락 속에서 야곱이 에서에게 행한 것들을 보면 결코 우연이 아니다. 하지만 이삭은 리브가의 말을 듣지 않았다. 하나님의 예언이라고 해도 이삭은 장자인 에서가 좋았다. 그는 에서가 사냥해서 해오는 음식이 좋았던 것이다. 에서가 장자권을 판 것도 알고, 리브가의 이야기를 들었음에도 이삭은 자신이 늙자 에서에게 장자의 축복하려 한다. 여기서 리브기가 도저히 안 될 것 같아 야곱을 들여보낸 것이다.

집안 꼴이 엉망이다. 자기 욕심대로 일을 처리하는 이삭, 남편을 속이는 리브가. 이들에게 하느님의 뜻은 안 보인다.

각 인물의 목표

리브가 어머니 리브가는 왜 큰아들보다 작은아들에게 더 큰 사랑을 하는 걸까? 예언의 성취인가? 남편 이삭을 너무나 잘 아는 아내 리브가는 술책을 부려 둘째아들 야곱에게 장자의 축복을 내리게 만든다. 그리고 야곱을 도피시킨다.

야곱 어머니 리브가의 술책에 따라 아버지 이삭을 속여 아버지로부터 장자의 축복권을 받는다.

에서 아버지의 축복을 빼앗긴다. 그는 아버지에게 하나라도 남은 축복을 해달라고 애걸한다. 그는 복수를 다짐한다.

이삭 아내 리브가의 술책에 빠져 둘째 야곱을 첫째 에서로 착각, 하느님께 장자의 축복을 둘째 야곱에게 다 주고 만다. 하지만 엎질러진 물을 담을 수 없듯이 장남 에서에게 줄 축복은 없다고 선언한다.

행동

각 배역에 맞는 몸짓(신체 나이와 성격, 주어진 상황, 몸의 중심, 걸음걸이. 손과 팔의 움직임 등)과 소리(음색, 말투, 억양)를 상상해 보세요.
대사를 할 때 가장 적절한 행동을 찾아보세요.

키워드

술수, 거짓말, 변장, 애원, 통곡

결과

야곱의 큰아들 에서는 장자의 권리와 축복을 동생 야곱에게 전부 다 빼앗긴다. 이후 에서의 자손들은 야곱의 자손들과 적대적 관계를 가지며 결국 에서의 자손들은 패망하게 된다. 성경에 나와 있는 기록이다.

[PS] 긴 연기 장면이었습니다. 집중과 몰입이 필요합니다.

집중은 '왜 이렇게 되는 거지? 다음은?" 하는 꼬리에 꼬리는 무는 호기심에서 출발합니다. 계속 이어지는 것. 한 순간, 잠깐이 아니라 물 흘러가듯이 연속적인 흐름을 만들어 가는 것이 집중입니다.
그러하기 위해선 몰입이 필요합니다. 몰입은 반복 연습을 통해서 만들어집니다.
한두 번 연습하는 것이 아니라 잘 할 때까지, 내가 할 수 있는 한계를 넘어서는 연습이 연기를 잘 하는 비결입니다.

Text 7. 그분과 싸워 이긴 야곱

야곱의 이야기로 계속됩니다.

야곱이라는 인물을 상상해 보십시오. 야곱이 어떤 인생을 살아왔는지 성경을 찾아 보십시오. 구체적인 삶의 궤적을 찾는 것, 그것이 작품 분석입니다.

이 장면에서는 그분(하느님)이 등장하십니다. 성경에서는 그분(하느님) 또한 인간과 같은 인격을 가지고 계신다고 합니다. (웃고, 좋아하고, 분노하고, 화내시고, 질투하시고, 아파하십니다)

그분(하느님)을 연기한다는 것은 하느님을 알아가는, 체험하는, 소중한 연기 경험이 될 것입니다.

야곱의 목숨 걸고 하는 행동(연기)은 연극(연기)을 하는 예술혼의 표상입니다.

성경 말씀: 창세기 32장 23-32

(바로 그 날밤, 그는 일어나 두 아내와 두 여종과 열한 아들을 데리고 야뽁 나루를 건넜다. 그들을 데리고 개울을 건넌 다음 자기에게 딸린 모든 것도 건네 보냈다.

그리고 야곱은 혼자 뒤떨어져 있었다. 그런데 어떤 분이 나타나 동이 트기까지 그와 씨름을 했다. 그분은 야곱을 이겨낼 수 없으리라는 것을 알고 야곱의 엉덩이뼈를 쳤다. 야곱은 그와 씨름을 하다가 환도뼈를 다치게 되었다.)

그분 동이 밝아오니 이제 그만 놓으라.

야곱 내게 복을 빌어주지 않으면 놓아드릴 수 없습니다. (떼를 썼다.)

그분 (야곱에게 물었다.) 네 이름이 무엇이냐?

야곱 제 이름은 야곱입니다.

그분 너는 하느님과 겨루어냈고 사람과도 겨루어 이긴 사람이다. 그러니 다시는 너를 야곱이라 하지 말고 이스라엘이라 하여라.

야곱 당신의 이름이 무엇인지 가르쳐주십시오.

그분 내 이름은 무엇 때문에 물어보느냐? (야곱에게 복을 빌어주었다.)

야곱 내가 여기서 하느님을 대면하고도 목숨을 건졌구나. 이곳의 이름을 브니엘이라 부르리라.

(그가 다친 다리를 절뚝거리며 브니엘을 떠날 때 해가 떠올랐다.)

등장인물

그분(하느님)

야곱 이때 야곱은 노년에 접어 들었다. 아내 2명. 자식이 11명이었다.

주어진 상황

야곱은 형 에서의 복수를 피해 외삼촌 집으로 도망가여 거기가 수십 년을 살았다. 때가 되어 아버지 이삭의 땅(고향)으로 돌아가려 한다. 그렇지만 야곱은 두렵다. 아직도 자신을 죽이려는 복수심을 가진 형 에서(에사오)가 복수의 칼을 갈고 있다고 생각하기 때문이다.

그래서 부인들과 자식들을 먼저 앞세워 보내 놓고, 에서의 마음을 살피려 한다. 근심 걱정. 좌불안석이다.

그래서 야곱은 무엇을 했을까? 기도했다. 구해달라고!

이때 그분(하느님)이 찾으러 오신다. 야곱은 직감적으로 알았다. 동아줄이다. 이 줄을 놓치면 난 죽는다. 야곱은 그분을 끌어안고, 매달린다. 야곱은 죽을힘을 다한다.

뼈가 부러지는 아픔마저도 야곱에게는 중요하지 않았다. 쇠 힘줄 같은 야곱의 매달림은 밤새워 동이 틀 때까지 계속되었다.

살려주세요! 구해주세요! 그 간절함이 그를 구원하였다. 새 이름을 얻었다.

인물의 목표

그분(하느님) 야곱을 찾아왔다. 도와주기 위해.

야곱 내 목숨이 이분에게 달렸다. 이 손을 놓으면 난 죽는다. 살려 주실 때까지 놓지 않는다.

행동

그분(하느님)을 압도하는, 하느님을 질려 버리게 하는 야곱의 행동.

온몸에 핏줄이 팽팽히 부풀어져 오르고, 근육이 터질듯하게 팽창하고, 호흡이, 심장박동이, 피땀이 흐르고, 자신이 할 수 있는 모든 것! 그 한계점을 넘어서는 행동(몸짓,

소리 짓)을 상상해 보고, 연습(행동)해 보자.

성경에서는 씨름했다고 한다. 헤비급 선수와 라이트급 선수의 씨름. 원래부터 상대가 되지 않는 라이트급 야곱은 전능한 그분(하느님)을 이겨냈다. (완전 찰거머리였다.)

키워드

두려움, 죽으면 죽으리라는 생존본능

결과

야곱은 그분(하느님)으로 새 이름을 얻었다. 이제부터 야곱이 아니라 '이스라엘'이라 불러라.

[PS] 이 장면에서, 야곱에게서 연기자는 무엇을 배워야 할까요?

첫째, 기회는 반드시 온다. 기회를 달라고 기도하자. 기회가 오면 꽉 붙들자. 그러하기 위해서 평소에 준비를 하자(연습을 하자). 실력을 닦자. 그리고 확실한 목표를 세우는 것.

둘째, 목표를 달성하기 위한 수단, 방법, 행동을 다 하는 것.

셋째, 언제까지? 동틀 때까지.

이렇게 연습하고, 실력을 닦으면 그분(하느님)께서 응답하십니다. 반드시 응답하십니다.

Text 8. 여동생 다나에 대한 형제들의 복수

주어진 상황

야곱의 아들들 이야기입니다.

야곱에게는 12명의 형제와 1명의 딸이 있었습니다. 야곱과 그 가족들은 이방인(타민족)과 같은 땅에서 살고 있었습니다.

이방인(타민족)이 야곱의 딸을 욕보였습니다. 이 장면에서 12형제들은 누이의 치욕을 되갚기 위해 계략을 짰습니다.

형제 중 둘째 시므온, 셋째 레위가 앞장섰습니다.

야곱의 딸 디나의 미모에 하몰과 세검은 홀딱 반해, 야곱의 아들의 계략에 빠져 몰살당합니다.

등장인물

야곱의 아들(시므온)	레아의 둘째아들. 세검사람들을 죽인 때문에 저주를 받아 분산될 것이다.
세검	(지역명) 하몰의 아들.
하몰	한 지역의 대표 씨족장, 또는 부족장 이름.

목표

야곱의 아들 누이를 욕보인 세겜 일족을 몰살하려고 계책을 꾸며, 일을 성사시킨다.

세겜 디나의 미모에 빠져 (강간하고 문제가 생기자 결혼을 하자는 세겜) 야곱의 아들의 말과 행동에 설득당한다. 그리고 할례를 받고, 이후 죽임을 당한다.

행동

야곱의 아들 세겜을 찾아간다. 원수들 앞에서 차근차근 논리적으로 디나와 결혼하기 위해서는 세겜사람들이 할례를 받아야 한다고 설득한다(계략).

세겜과 하몰 야곱의 아들에게 설득당하여 할례를 받고, 행동이 불편, 부자연할 때(싸움을 할 수 없을 때) 다윗의 형제들에 의해 몰살당한다.

이 장면에서는 먼저 주어진 상황과 인물, 목표, 행동을 살펴보았습니다. 사건의 배경을 먼저 알고 말씀을 읽는 것과. 말씀을 읽고 난 후 연기 해설을 보는 것, 어느 쪽이 연기훈련에 도움이 될까요?

연기연습을 하다 보면 자기 자신 만의 루틴이 생길 것입니다.

성경 말씀: 창세기 34장 13–25

(야곱의 아들들은 자기들의 누이 디나가 욕본 것을 생각하면 화가 치밀었지만, 시치미를 떼고 세겜과 그의 아버지 하몰에게 대답하였다.)

야곱의 아들 안 됩니다. 할례를 받지 않은 사람에게 우리 누이를 줄 수는 없습니다. 그것은 우리에게 부끄러운 일입니다.

(그러면서 야곱의 아들들은 그들에게 이렇게 제안하였다.)

아들 한 가지 길은 있습니다. 당신네 남자가 모두 우리처럼 할례를 받겠습니까? 그래야만 우리는 당신들의 청혼을 들어줄 수 있습니다.
그리고 나서야 우리 딸을 당신들이 맞아가고 당신들의 딸을 우리가 맞아오며 어울려 살 수 있단 말입니다. 그러면 우리는 한 겨레가 될 것입니다.
당신들이 이 조건을 받아들일 수가 없어 할례를 받지 않는다면 우리는 누이를 데리고 여기를 떠나겠습니다.

(하몰과 하몰의 아들 세겜은 야곱의 아들들이 내놓은 조건이 좋을 것 같았다. 그래서 그 젊은이는 서둘러 할례를 받았다. 그만큼 그는 야곱의 딸을 좋아했던 것이다. 그런데 그는 온 가문 가운데서도 가장 세도 있는 사람이었다. 하몰과 그의 아들 세겜은 성문에 나가 자기들이 다스리는 주민들에게 이렇게 공포하였다.)

세겜 이분들은 아무하고나 잘 어울리는 분들이다.
이 고장에서 우리와 함께 살며 마음대로 왕래할 것이다.
이 땅은 어느 쪽을 보아도 넓어서 그들도 함께 살 수 있다.
그들의 딸을 우리의 아내로 맞아오고 그들도 우리의 딸을 아내로 맞아가게 하자.
그러나 이분들이 우리와 함께 살며 우리와 한 겨레가 되는 데는 한 가지 조건이 있다.
그것은 그들이 할례를 받은 것처럼 우리 모든 남자도 할례를 받아야 한다는 것이다.

결국은 그들의 양떼와 재산과 모든 가축이 우리 것이 되지 않겠느냐?

그러니 그들이 내놓은 조건을 수락하고 그들을 우리와 함께 살게 하자.

(성문께로 나온 모든 주민이 하몰과 그의 아들 세겜의 말을 받아들였다. 그래서 성문께로 나왔던 남자는 모두 할례를 받았다. 그 다음 다음날 그들이 아직 아파서 신음하고 있을 때, 야곱의 아들 중 디나의 친오빠인 시므온과 레위가 칼을 빼 들고 당당하게 성 안으로 들어가 남자라는 남자는 모조리 죽여버렸다.)

연기노트

연기는 일반적(사실주의) 으로 상대방과 마주 보고 이야기합니다(연기합니다).

이 장면에서는 내가 다중(대중)들에게 큰 소리로 이야기합니다. 설득합니다.

마주보고 하는 2인 연기와 내가 수많은 대중과 이야기하는 것의 차이를 느껴 보세요.

연기연습 9

Text 9. 요셉, 형들의 음모에 빠지다

주어진 상황

야곱의 열한 번째 아들 요셉은 아버지로부터 각별한 사랑을 받았습니다. 왜냐하면 야곱이 첫 번째 사랑한 여인이 라헬이었으나 라헬의 언니 레아를 첫 번째 부인으로 맞아들이고, 라헬을 얻기 위해 7년을 더 외삼촌의 집에서 일을 했었던 아픈 상처가 있었기 때문입니다.

사랑하는 여인의 첫아들 요셉! 그래서 배다른 형제들은 그를 미워했습니다.

어느 날 요셉의 꿈 이야기를 들은 형제들은 자신들이 요셉에게 머리 숙이고 요셉을 섬긴다는 말에 격분합니다.

이 장면에서 요셉은 등장하지만, 대사가 없습니다. 그러나 대사 없는 요셉의 연기가 중요합니다.

들판입니다. 형제들은 목축(양치기)을 하고 있습니다. 형제들은 찾으러 온 요셉을 구덩이에 빠뜨려 죽이려고 합니다.

등장인물

요셉 야곱의 열한 번째 아들 라헬의 첫째아들.

르우벤 야곱의 첫 번째 아들 레아의 첫째아들.

유다 야곱의 네 번째 아들 레아의 네 번째 아들.

다른 형제들

야곱 형제들의 아버지.

상인들.

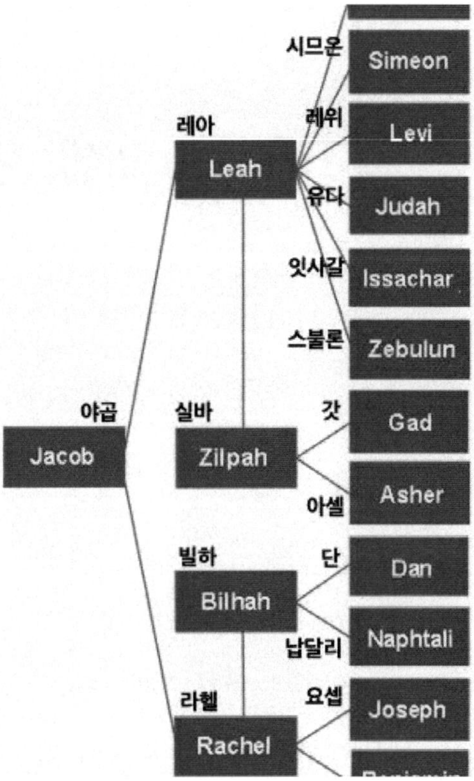

각 인물의 목표

요셉 형들에게 강압적으로 구덩이에 빠지고, 이후 상인들에게 이집트로 팔려 간다. 어떤 저항도 하지 않는다. 소리도 치지 않는다. 왜 요셉은 어떤 행동(몸짓, 소리짓)도 하지 않는 것일까?

르우벤 장남으로서 형제의 피 흘림(요셉의 죽음)을 원치 않는다. 다른 형제들의 행동을 적극적으로 말리지 못한다. 그는 꾀를 내어 일단 요셉을 죽이지 못하고 하고 이후 요셉을 구해주려 한다.

유다 장남 르우벤이 자리를 떠난 틈에 요셉을 상인들에게 노예로 팔아넘긴다. 유다의 자손으로 이어지는 혈통 속에서 다윗 왕이 나온다.

야곱 야생동물에게 잡혀 먹였다는 말과 피 묻은 요셉의 옷가지를 보고 오열한다.

성경 말씀: 창세기 37장 18-34

(형들은 멀리서 알아보고 그가 다다르기 전에 죽이려고 음모를 꾸몄다.)

형 야, 꿈장이가 오는구나.
저 녀석을 죽여 아무 구덩이에나 처넣고는 들짐승이 잡아먹었다고 하자. 그리고 그 꿈이 어떻게 되어 가는가 보자.

(그러나 르우벤은 그 말을 듣고 있다가 그들의 손에서 그를 건져 낼 수 있게 목숨만은 해치지 말자고 하였다.)

르우벤 피만은 흘리지 말아라. 그 녀석을 이 빈들에 있는 구덩이에 처넣고 손만은 대지 말아라.

(르우벤은 그들의 손에서 요셉을 살려 내어 아버지께로 되돌려 보낼 생각이었다. 이윽고 요셉이 다다르자 그들은 요셉에게서 옷을 벗겼다. 그것은 장신구를 단 옷이었다.
그리고는 그를 잡아 구덩이에 처넣었는데 그 구덩이는 물 없는 빈 구덩이였다.
그들이 앉아 음식을 먹는데, 마침 길르앗으로부터 낙타를 몰고 오는 이스마엘 상인들이 눈에 띄었다. 그들은 향 고무와 유향과 몰약을 낙타에 싣고 이집트로 가는 길이었다.)

유다 (유다가 형제들에게 말하였다.)

그래도 우리 동기인데 그를 죽이고 그 피를 덮어 버린다고 해서 무슨 이득이 있겠니?

그러니 그 애를 이스마엘 사람들에게 팔아 버리고 우리는 손을 대지 말자. 아무래도 우리 동기요, 우리 혈육이 아니냐?

(형제들은 그의 말을 듣기로 했다.

그러는 동안 미디안 상인들이 지나가다가 요셉을 구덩이에서 끌어내었다. 그들은 그를 이스마엘 사람들에게 은 이십 냥에 팔아넘겼다. 이스마엘 사람들은 요셉을 이집트로 데리고 갔다. 르우벤은 구덩이로 돌아와 요셉이 그 안에 없는 것을 보고 옷을 찢으며 형제들에게로 돌아가)

르우벤 그 애가 없어졌다. 난 이제 어디로 가야 하느냐!

(하고 부르짖었다.)

(그러자 그들은 염소 한 마리를 죽이고 요셉의 옷을 가져다 그 피를 묻혔다.

그리고 그 장신구로 꾸민 옷을 아버지께 보내며 말을 전하였다.)

형제 이것을 우리가 주웠습니다. 이것이 아버님 아들의 옷인지 아닌지 잘 보십시오.

야곱 (그는 그것을 곧 알아 보고 외쳤다.)

내 아들의 옷이다. 들짐승이 잡아먹었구나. 요셉이 짐승들의 밥이 되다니!

(야곱은 옷을 찢고, 베옷을 몸에 걸친 채 아들을 생각하며 날이 가도 달이 가도 울기만 했다.)

연기 노트

[1] 성경 말씀을 희곡의 구성요소(해설, 지문, 대사)로 정리한 것입니다. 해설은 장면 전체의 주요한 배경을 설명합니다. 지문은 등장인물의 구체적인 행동과 심리를 제시합니다. 대사는 등장인물의 행동(몸짓, 소리짓)을 제시합니다.

[2] 천천히 반복해서 '연기연습 9'를 소리 내 표현해 봅니다.

[3] 연기를 할 때 무대 장치와 의상과 소품이 중요합니다.

[4] 배역 간의 인물 관계도를 만들어 보세요. 이 장면에서 나오는 11명의 형제는 어머니가 각각 다릅니다. 야곱은 2명의 부인과 2명의 첩을 두고 12명의 아들과 1명의 딸을 낳았습니다. 그러니까 4그룹의 형제들이지요. 요셉과 베냐민(11번째. 12번째)은 라헬의 자식이었습니다. 배다른 형제들의 보이지 않는 견제와. 암투가 있었을 것입니다.

Text 10. 유다와 다말의 이야기

성경에는 우리가 지금 받아들이기 어려운 이야기들로 가득합니다.

어떤 것은 신화적이고, 전설에 가까운 이야기. 또 어떤 것은 도덕적, 윤리적으로 받아들이기 어려운 사건들입니다.

그 사건 속에 사람(인물)이 있습니다. 그 사람이 살아 움직이며, 행동합니다. 연기합니다.

여기서 우리가 주목해야 할 점은 내가 만약! 이 상황에 빠져 이 사건을 만난다면 난 어떤 행동을 할까 하는 생각과 행동을 찾는 것입니다(내 생각).

연기는 자신으로 출발하여 배역에 다가가는 창조의 과정(연습)을 통해 완성됩니다.

성경 말씀을 소리 내어 읽고(말하고) 움직여 행동하여 보십시오. 가만히 앉아 묵상하던 것과는 다른 신비로운 경험을 느끼실 수 있을 것입니다.

주어진 상황과 등장인물

유다 야곱의 네 번째 아들. 형제들과 떨어져 나와 히라라 불리는 아둘람 사람에게 붙어 살았다. 유다는 가나안 사람 수아의 딸을 안내로 삼아 맏아들 에르를 낳았고 그에게 아내를 얻어주었는데 그의 이름은 다말이었다. 에르는 야훼의 눈 밖에 나서 죽었다. 유다는 며느리 다말에게 시동생 오난에게 시집가서 형의 후손을 남기라고 하였다. 그러나 오난은 형수와의 동침을 거부하여 하느님으로부터 죽임을 당하였다. 유다는 며느리 다말에게 아직 어린 아들 셀라가 어른이 될 때까지 친정으로 돌아가 기다려 달라고 하였다.

다말 유다의 며느리. 첫아들에게 그, 둘째아들 고난이 죽자 가업을 잇기 위해 셋째아들에게 시집가야 한다. 그런데 셋째아들 셀라는 어린아이였다. 친정으로 돌아간 다말은 수많은 세월이 기다리고 기다렸다.

성경 말씀: 창세기 38장 11-26

(유다는 며느리 다말에게 이렇게 말하였다.)

유다 내 아들 셀라가 어른이 될 때까지 친정에 돌아가 홀몸으로 기다려다오.

(그(막내아들 셀라)마저 형들처럼 죽을까 봐 걱정스러웠던 것이다. 그리하여 다말은 친정에 돌아가 살게 되었다. 그 후 많은 세월이 흘러 유다의 아내, 수아의 딸이 죽었다. 유다는 상을 벗은 다음 친구 아둘람 사람 히라와 함께 양털을 깎으러 딤나로 올라갔다. 한편, 다말은 시아버지가 양털을 깎으러 딤나로 올라온다는 말을 전해 듣고는 과부의 옷차림을 벗어 버리고 너울을 써서 몸을 가리우고 딤나로 가는 길가 에나임성 문에 나가 앉았다. 셀라가 이미 어른이 되었는데도 자기를 아내로 데려가 주지 않았기 때문이었다. 유다는 그 여자가 얼굴을 가린 것을 보고 창녀려니 생각하였다. 그래서 그는 길가에 있는 여인에게로 발길을 돌리며 수작을 건넸다.)

유다 너한테 들러 가고 싶구나. 어서 가자.

(그 여인이 바로 자기의 며느리라는 것을 알았을 리가 만무하다.)

다말 화대로 무엇을 주겠소?

유다 내 양떼 가운데서 새끼 염소 한 마리를 보내마.

다말 그걸 보내 주실 때까지 담보물을 맡겨 주셔요.

유다 무슨 담보물을 주어야 하나?

다말 당신의 그 줄 달린 인장과 잡고 있는 지팡이면 됩니다.

(그래서 그것을 주고 한 자리에 들었는데 마침 그의 아이를 갖게 되었다.
그는 돌아가 너울을 벗고 과부 옷차림으로 바꾸었다.
유다는 자기 친구 아둘람 사람을 시켜 새끼 염소 한 마리를 주고 그 여인에게서 담보물을 찾아오게 하였으나 그 여인은 이미 거기에 없었다.
그는 그곳 사람들에게 에나임 길가에 있는 신전 창녀가 어디로 갔느냐고 물어 보았으나, 거기에는 신전 창녀라고는 하나도 없다는 것이었다.
그래서 그는 돌아와 "그 여자를 찾지 못했네. 뿐만 아니라 그곳에는 신전 창녀라고는 하나도 없다고 그곳 사람들이 말하더군." 하고 보고했다. 그에게 유다 말했다.)

유다 그것을 가질 테면 가지라지. 우리가 공연히 웃음거리가 될 것은 없지 않나? 글쎄 보게. 새끼 염소를 보냈는데도 자넨 그 여자를 찾을 수가 없었으니…

(석 달쯤 지나 유다는 며느리 다말이 창녀 짓을 하여 아이까지 가졌다는 말을 전해 듣게 되었다. 유다는 그를 끌어내어 화형에 처하라고 명령하였다.

그리하여 다말은 끌려 나오게 되자 시아버지에게 전갈을 보냈다.)

다말 이 물건들은 누구의 것입니까? 나는 그의 아이를 배었습니다. 이 줄 달린 인장과 지팡이가 누구의 것인지 보아주십시오.

유다 (유다는 그 물건들을 알아보고) 그 애가 나보다 낫구나! 내가 내 아들 셀라에게 그 애를 아내로 맞게 하지 않았으니…

(하고 다시는 그를 가까이하지 않았다.)

연기 노트

- 성경에 왜? 이 이야기를 기록하였을까?
- 다말은 시아버지를 유혹하여 동침하고 자식을 낳았다. 왜? 어떤 이유로?
- 다말은 어떤 여자이기래? 이런 행동을 했을까?
- 다말이 담보물로 잡은 줄 달린 인장과 지팡이는 무엇을 상징하는가?

Text 11. 요셉을 유혹하고 누명을 씌우는 여자

연기는 확실한 목표를 달성하기 위한 구체적인 행동(소리짓, 몸짓)을 의미합니다.

내가 가진 목표를 달성하기 위해 상대방을 회유, 설득, 자극, 도발시킵니다. 그리고 상대방의 반응에 따라 이어지는 일관된 행동(작용/반작용)이 파동을 일으킵니다. 이 운동 에너지가 리듬을 만들어 냅니다. 이 리듬은 생명입니다.

배우를 살아있게 만들어 냅니다. 리듬을 타세요.

주어진 상황

17세에 배다른 형제들의 미움을 받아 애굽으로 팔려 간 요셉은 이집트의 경호대장 보디발의 하인이 되었다. 요셉은 하느님의 도움으로 그의 손이 닿는 것은 무엇이든 잘 되었다. 요셉은 장군의 심복으로 집안일의 관리인이 되었다. 요셉은 아주 깨끗하고 잘생긴 사나이였다(창세기 39장 6절).

어느 날! 장군의 아내는 이 깨끗하고 잘생긴 청년 요셉을 유혹한다.

등장인물과 목표

요셉 20세 전후의 멋진 청년. 하느님이 자신에게 맡기신 일에 충성한다. 도덕적, 윤리적, 신앙적으로 부끄럼 없는 일을 하고자 한다.

보디발의 아내 30대 중반의 농염한 여인. 요셉을 유혹하여 동침하고자 한다.

보디발장군 아내의 거짓말에 요셉을 감옥에 처넣는다.

성경 말씀: 창세기 39장 7-20

(얼마쯤 시간이 흐르자. 주인의 아내가 눈짓을 하며 자기 침실로 가자고 꾀는 것이었다. 그는 주인의 아내에게 그럴 수 없다고 사정했다.)

요셉 보시다시피 주인께서는 제가 있는 한, 집안일에 통 마음을 쓰시지 않습니다. 당신께 있는 것을 모두 제 손에 맡겨 주셨습니다.

이 집안에선 제가 그분보다 실권이 더 있습니다.

마님만은 당신의 아내이기 때문에 범접할 수 없지만 그 밖의 일은 못 할 것이 없습니다.

그런데 이렇게 엄청난 짓을 제가 어떻게 저지를 수 있겠습니까?

이것은 하느님께 죄가 됩니다.

(그러나 그는 날이면 날마다 요셉에게 수작을 걸어왔다. 요셉은 말을 듣지 않고 그와 함께 침실에 들지도 않았다. 하루는 그가 일을 보러 집 안으로 들어갔는데 마침 집 안에 사람이라곤 아무도 없었다. 그는 요셉의 옷을 붙잡고 침실로 같이 가자고 꾀었다. 그러나 요셉은 옷을 그의 손에 잡힌 채 뿌리치고 밖으로 뛰쳐나갔다. 요셉이 옷을 자기 손에 내버려둔 채 밖으로 뛰쳐나가는 것을 보고 그는 집안사람들을 부르며 고함을 쳤다.)

여자 이것 좀 봐라.

주인께서 우리를 웃음거리로 만들려고 저 히브리 녀석을 데려 왔구나. 그 놈이 나에게 달려들어 강간하려고 했어.

그래서 나는 고함을 질렀지!
그랬더니 그놈은 내가 고함지르는 소리를 듣고
옷을 버려둔 채 뛰쳐나갔다.

(그리고는 그 옷을 곁에 챙겨 놓고 주인을 기다리다가 그가 집에 돌아오자 이야기를 꺼내는 것이었다.)

여자 당신이 데려온 그 히브리 종 녀석 말이어요.
글쎄 그놈이 내 방에 들어와 나를 농락하려 하지 않겠어요?
그래서 내가 고함을 질렀더니 이렇게 옷을 버려둔 채 밖으로 뛰쳐나가답니다.
그리고는 "당신의 종 녀석이 나에게 이 따위 짓을 했단 말이어요."

(이 말을 듣고 주인은 화가 치밀어 올랐다. 그래서 요셉의 주인은 그를 잡아 감옥에 넣었다.)

연기 노트

연기는 반드시 상대역과 함께 연기하세요. 그래야 자극과 반응(작용/반작용)의 호흡을 느끼실 수 있습니다.

사람은 처음부터 하고 싶은 말을 다 적어 놓고(외워서) 하지 않습니다. 대략의 목표(내가 하고 싶은 말의 의도)를 늘 정하고, 상대방의 반응에 따라 말과 행동이 연결됩니다.

이때 중요한 그것이 논리입니다. 일관된 행동입니다. 논리가 부족하면 상대방을 이겨낼 수 없습니다. 이 논리(일관된 행동)는 작품 분석, 인물 분석, 연습으로 획득됩니다. 연기자의 본성(지성과 감성)에 체득됩니다. 연기자의 신체(몸과 소리)에 체득됩니다.

내 몸과 마음에 체득된 일관된 행동 습관(리듬감)이 다른 연기자와 구별되는 자기 자신만의 독특한 연기 스타일을 만들어 줍니다.

혼자서 연기 연습할 수 있는 꿀조언!

만약 같이 할 연기 파트너가 없다면 이렇게 해 보세요.

책상 앞에 조그마한 인형을 준비하세요(무엇이든 상관없어요). 인형을 서로 마주 보게 하고 인형을 손으로 이리저리 조정하면서 대사를 해 보세요(행동해 보세요).

어릴 적 소꿉놀이하듯이 1인 2역, 3역의 역할놀이를 해 보세요. 또 다른 재미를 느끼실 수 있을 것입니다.

Text 12. 요셉과 형들의 만남

주어진 상황

야곱 열한 번째 아들 요셉은 형들의 미움을 받아 애굽땅에 종으로 팔려 왔으나 하느님의 은총으로 애굽 땅의 총리가 되었다.

하느님의 예언대로 7년 동안 온 땅에 기근이 들어 야곱 아들들은 식량을 구하러 요셉이 통치하는 애굽땅으로 찾아온다.

등장인물

요셉 이집트의 총리. 야곱의 열한 번째 아들.

형제들 베냐민을 제외한 10형제.

르우벤 12형제 중 첫 번째 맏형.

등장인물의 목표

요셉 자신의 신분을 철저히 숨기고, 형제들을 이집트에 온 간첩으로 몰아간다. 자신에게 했던 형제들의 잘못을 들추어 회개할 기회를 주려 한다. 그리고 아버지와 온 가족이 재결합하기를 원한다.

형제들 자신들은 간첩이 아니라 평범한 가족들이며 그간 있었던 가족사를 요셉에게 이야기함으로써 요셉의 동정심을 구하려 한다.

성경 말씀: 창세기 42장 6-24

(그때 요셉은 이미 그 땅의 통치자가 되어 있었다. 그가 바로 그 땅 온 백성에게 곡식을 파는 책임자였다. 요셉의 형들은 도착하는 길로 얼굴을 땅에 대고 그에게 절을 했다.)

요셉 (요셉은 형들을 보자 곧 알아보면서도 남을 대하듯이 거칠게 말하였다.)
너희는 어디서 온 자들이냐?

형들 가나안 땅에서 양식을 사러 왔습니다.

(형들은 요셉을 알아보지 못했으나, 요셉은 형들을 알아보고 형들이 이렇게 되리라 꾸었던 꿈을 생각하면서 을러메었다.)

요셉 너희들은 간첩이지? 이 땅의 허점을 살피러 왔지?

형들 (변명을 늘어놓았다.)
아닙니다. 나리, 소인들은 그저 양식을 사러 왔을 뿐입니다.
우리는 모두 한 아버지의 자식입니다. 우리는 거짓말할 줄 모르는 사
사람입니다.
절대로 간첩이 아닙니다.

요셉 그럴 리가 없다. 너희는 틀림없이 이 땅의 허점을 살피러 왔어.

형들 소인들은 본래 열두 형제였습니다.

우리는 한 아버지의 아들들인데, 아버지는 지금 가나안 땅에 계십니다. 막냇동생은 지금도 아버지와 함께 있습니다.

동생 하나는 없어졌습니다.

요셉 내 말이 틀림없다. 너희는 간첩이야. (요셉은 을러메었다.)

너희를 시험해 봐야겠다. 너희 막냇동생을 이리로 데려오지 않고서는 파라오가 살아 계시는 한 여기에서 절대로 나갈 수 없다.

너희 가운데서 한 사람을 보내어 동생을 데려오너라.

그동안 너희는 옥에서 기다리고 있어야 한다.

너희 말이 참말인지 시험해 봐야겠다.

만일 데려오지 못하면 그때엔 파라오가 살아 계시는 것처럼 너희가 간첩이라는 것이 틀림없는 것이다.

(그리고서 사흘 동안 그들을 감옥에 가두어 두었다. 사흘째 되던 날 요셉은 그들에게 이렇게 말하였다.)

요셉 나도 하느님 두려운 줄 아는 사람이다. 그러니 너희는 이렇게 하여라. 그래야 살 수 있다. 만일 너희가 정직한 사람이라면, 너희 형제 중 한 사람만 감옥에 남겨 두고 나머지는 너희 집안 식구들이 굶어 죽지 않도록 곡식을 가지고 가거라.

그리고서 너희 막냇동생을 나에게로 데려오너라.

그렇게 하면 너희 말이 참말이라는 것이 밝혀지고 너희는 죽음을 면할 것이다.

(그들은 그대로 하기로 하고 서로들 수군거리기 시작하였다.)

형제들 사실이지, 우리가 동생에게 그 짓을 하고 어떻게 벌을 면하겠니? 그렇게 가슴 아프게 애원하는 것을 보면서도 못 들은 체했는데! 그 때문에 우리가 이런 곤경에 빠진 거야.

르우벤 그 애에게 못할 짓을 하지 말자고 내가 너희에게 말하지 않았더냐? 그런데 너희는 내 말을 들으려 하지 않았다.
이제 그의 피가 앙갚음을 하는 것이다.

(그들은 자기들과 요셉 사이에 통역이 서 있었기 때문에 요셉이 자기들의 말을 듣고 있는 줄은 몰랐다. 요셉은 듣다 말고 물러가서 울었다. 다시 돌아 와서 말을 주고받다가 요셉은 그들 중 시므온을 불러내어 그들이 보는 앞에서 묶었다. 그리고는 그들의 그릇에 밀을 채우고 그들의 돈을 자루 하나 하나에 다시 넣고 그리고 돌아가는 도중에 먹을 양식까지 주라고 지시하였다. 그대로 되었다.)

연기 노트

요셉의 심정을 상상해 봅시다. 하느님의 사람이지만 요셉도 인간입니다. 형들에 대한 미움과 분노가 교차합니다.

그는 통치자로서의 권위와 위엄을 가지고 형제들을 심문합니다. 그리고 돌아서서 울었습니다(마음이 아팠다). 그리고 아버지와 막내동생 베냐민을 데려올 기지를 발휘합니다. 요셉이 원했던 것은 온 가족의 결합이었을 것입니다.

자신이 총리이고, 권력자라는 사실을 형들이 알면 형들은 뿔뿔이 도망칠 것이고 (자신들의 죄를 알기 때문) 야곱의 가족들은 이 환난의 시기에 가족이 해체될 것입니다.

Text 13. 여리고 성의 창녀 라합의 연기

이 장면 연기에서는 인물 분석이 중요합니다.

라합이라는 여자. 그 여자는 기생(창녀)이라고 성경에서 말하고 있습니다.

여리고 성의 창녀(직업여성). 성경에 나와 있는 조그마한 실마리로 상상해 봅니다.

그녀는 많은 남자들을 만났습니다. 각 지역의 소식을 들었습니다. 그녀는 자기 집이 있었습니다. 그녀는 직업여성으로 독자적인 경제활동을 했을 것입니다.

그녀는 결코 적은 나이(젊은 처자)가 아닌 완숙한 여인이었을 것입니다. 그녀는 여리고 성의 왕 앞에서도 침착했습니다. 그녀는 왕을 속이는 거짓 정보를 믿게 만드는 연기를 보여줍니다.

그녀는 가족(일가친척)이 있었습니다. 그녀는 세상이 어떻게 돌아가는지 알고 있었습니다.

그녀는 이 전쟁통에 어느 편에 서야 하는지 알았습니다. 그녀는 이스라엘의 정탐꾼과 거래합니다. 그녀는 야훼 하느님의 역사하심을 믿었습니다.

그녀는 이후 이스라엘의 왕 다윗의 조상 할머니가 되었습니다.

주어진 상황

여리고 성은 가나안땅 입구에 있는 강력한 성이었습니다.

모세가 죽고 여호수아가 이끄는 이스라엘 백성들은 가나안 입구에 있는 강력한 적과 마주하게 됩니다.

그러나 여리고 성안의 백성들 또한 불안해합니다. 홍해를 건너 애굽을 탈출한 이스라엘 백성들의 이야기를 들었기 때문입니다.

이방인(가나안족)들은 이스라엘 백성들을 배척하며 막아서려 합니다. 그러나 여리고 성의 단 한명, 라합만이 달랐습니다.

등장인물

라합(야합, Rahab) 구약성경 여호수아서에 등장하는 여리고 성의 기생으로, 이방인이었지만 믿음으로 이스라엘의 하나님을 받아들인 인물. 그녀는 단순한 역사적 인물을 넘어, 신앙의 전환과 구원의 은혜를 보여주는 한 상징입니다.

누군가 경비병.

여리고의 왕.

정탐꾼.

성경 말씀: 여호수와 2장

(눈의 아들 여호수아는 시띰에서 정탐원 둘을 밀파하며 예리고 지역을 살펴보고 오라고 일렀다. 그의 지시를 따라 그들은 예리고로 가서 라합이라는 창녀의 집을 찾아 가 거기에서 묵었다.)

누군가 (여리고 왕에게 이 사실을 전했다.)

아뢰니다. 이스라엘 사람 몇이 이 땅을 정탐하러 오늘 밤 이리로 왔습니다.

여리고 왕 (라합에게 전갈을 보냈다).

너를 찾아 네 집에 온 자들을 내놓아라.

그들은 이 온 지역을 정탐하러 온 자들이다.

라합 (그러나 그 여자는 두 사람을 숨겨 두고 이렇게 대답하였다.)

그들이 저에게로 오기는 했었습니다.

하지만 어디에서 왔는지는 몰랐습니다.

어둑어둑해져서 성문이 닫힐 때쯤 나갔는데 어디로 갔는지는 모르겠습니다. 급히 쫓아가시면 잡을 수 있을 것입니다.

(라합은 그들을 지붕으로 데리고 올라가 지붕에 널어놓은 삼대 속에 숨겨 두었던 것이다. 추적대는 요르단강가 나루터까지 쫓아갔다. 그들이 성에서 나가자, 성문은 닫혔다. 정탐 원들은 아직 자지 않고 있었는데 라합이 지붕 위로 올라가 그들에게 말하였다.)

라합 나는 야훼께서 이 땅을 당신들에게 주신 줄 믿습니다.

우리는 당신들 때문에 겁에 질려 있습니다.

이 땅에 사는 사람들은 모두 당신들 때문에 어쩔 줄을 모르고 있습니다.

야훼께서 홍해 바다의 물을 말리시어 당신들을 에집트에서 나오게 하신 이야기를 우리는 들었습니다.

또 당신들이 요르단강 건너편에 있는 두 아모리 왕 시혼과 옥을 어떻게 해치웠고 어떻게 전멸시켰는지 그 이야기도 들었습니다.

당신들 소식을 듣고 우리는 모두 넋을 잃었습니다.

당신들의 하느님 야훼야말로 위로 하늘과 아래로 땅을 내신 하느님이십니다.
내가 당신들을 잘 봐 드렸으니, 당신들도 내 가문 사람들을 잘 봐주겠다고 이제 야훼를 두고 맹세해 주십시오.
그리고 그렇게 하겠다는 확실한 표를 주십시오.
내 부모와 형제들과 그들에게 딸린 모든 식구를 살려 주십시오. 그리하여 우리 목숨을 죽을 자리에서 건져 주십시오.

(그들이 그에게 대답하였다.)

정탐꾼 우리가 왔었다는 말을 누설만 하지 않는다면, 죽는 한이 있어도 목숨을 걸고 너희를 봐주겠다.
또 야훼께서 우리에게 이 땅을 주실 때 너희를 성실하고 친절하게 대해 주마.

(라합이 살고 있는 집은 성벽에 붙어 있었다. 라합은 그들을 창문에서 밧줄로 내려 주면서 일렀다.)

라합 당신을 쫓는 사람들에게 잡히지 않도록 산으로 달아나십시오. 그 쫓던 사람들이 돌아오기까지 사흘 동안 거기 숨어 있다가 가셔요.

정탐꾼 네 소원대로 맹세를 해 놓고 그 맹세를 못 지켰다는 탓을 우리는 듣고 싶지 않다.
여기 분홍 줄이 있으니, 우리가 이 땅에 들어올 때, 우리를 내려준 창문에다 이것을 달아 표시를 하여라. 그리고 부모와 오빠들과 일가친척들을 다 네 집에 모여 있게 하여라.

누구든지 집 문밖으로 나갔다가 죽으면 그것은 그의 탓이다.

우리에게는 책임이 없다. 하지만 누구든지 너와 함께 집 안에 머물러 있다가 맞아 죽으면 그 핏값은 우리가 받겠다.

만일 네가 우리 사이에서 이루어진 일을 누설하면 너에게 맹세한 서약에 우리는 매이지 않는다.

라합 말씀하신 대로 그렇게 합시다.

(하고는 그들을 보내었다. 그들이 떠나간 다음, 그 여자는 창문에 분홍 줄을 달아 두었다.)

연기 노트

역사적인 위대한 인물을 연기한다는 것은 어렵습니다. 단순한 것 같지만 실은 매우 복잡한 인물이기 때문입니다. 이런 인물(배역)을 연기하기 위해서는 실오라기 같은 하나의 단서를 가지고 입체적인 상상을 해야 합니다. 파고들어야 합니다. 이때 지혜가 부족하면 주님께 기도하십시오. 응답해 주십니다.

본 저자도 작품을 만들 때 난관에 부딪힌 적이 있습니다.

무대에 코끼리가 나오는 장면(브레히트 작, 〈남자는 남자다〉)인데 내 머리로는 해결할 수 없는데 꿈에서 보여주셨습니다. 그리고 공연의 막이 올라갔습니다.

Text 14. 삼손의 수수께끼

앞 장면의 주인공 라합은 지혜로운 여자였습니다.

이 장면에선 힘센, 용맹한, 조금은 단순하고 무식한 주인공 삼손이 등장합니다.

두 장면의 배역(라합과 삼손), 남자 배역과 여자 배역의 차이점을 느끼면서 연기해 보세요.

등장인물

삼손 20대 청년. 이스라엘의 판관(사사)이자 지도자. 그는 나지르인(나실인)이자 전설적인 전사로서 그가 거둔 엄청난 전공은 이스라엘이 가나안에 정착한 초기 지파 동맹 시대(B.C. 1200~1000)의 상당한 기간 동안 필리스티아인들에게 얼마나 큰 핍박을 받았는가를 암시한다. 〈판관기〉는 하느님의 영감을 받아 공동체를 구함으로써 판관이 된 다른 전사들과 삼손을 동렬에 올려놓는다. 〈구약성서〉는 삼손이 '20년' 동안 판관으로 활동했다고 언급할 뿐, 그의 활동 시작과 끝에 해당하는 몇 가지 이야기만 전한다. 그의 부모는 단 지파 출신으로 예루살렘 근처 소라 지방에서 농사를 짓고 있던 중 신의 현현을 통해 그들이 장차 아들을 낳을 것이며 그 아이를 하느님을 위해 구별된 나지르인으로 바쳐야 한다는 사실을 알았다. 나지르인은 독한 술을 마시지 않고, 머리털을 밀거나 깎지 않으며, 사체를 만지지 않기로 서약한 사람을 말한다.

삼손은 엄청난 체력을 가졌지만, 삼손에 관한 사담은 그 힘의 완전한 상실과 나지르인 서약의 파기를 도덕적으로 서로 연관시키고 있다. 사자를 찢어 죽이고 가자(Gaza) 성문을 뽑아버리는 등 괴력을 보인 그는 이웃 성읍에 사는 필리스티아 딤나 출신의 여자와 잔치를 즐김으로써 종교적 서약을 처음으로 깨뜨렸는데, 당시 필리스티아는 이스라엘과 매우 좋지 않은 관계였다. 그 밖에도 그는 혼자서 사람들을 1,000명이나 죽이는 등 엄청난 행동을 보여주었다. 또 한번은 창녀를 만나러 간 가자에서 암살을 모면한 일도 있었다. 그는 소렉 골짜기에 사는 데릴라라는 여자를 사랑하게 되었으나, 결국 이 때문에 원수들의 제물이 되고 말았다. 데릴라는 삼손을 속여서 그 힘의 비밀이 나지르인으로서 길게 기른 머리털에 있음을 알아내고 필리스티아 사람들에게 이를 일러바쳤다. 삼손이 잠든 사이에 데릴라는 그의 머리털을 잘라버렸다. 삼손은 사로잡혀 두 눈이 뽑히고 필리스티아 사람들 밑에서 노예 생활을 하게 되었으나, 결국은 복수를 하고 만다. 그는 옛 힘을 되찾아 가자에 있는 필리스티아 사람들의 다곤 신전을 무너뜨려 자기를 잡은 자들을 죽이고 자신도 죽었다(판관 16:4~30).

삼손의 아내 이방인(타민족)의 여인.

들러리들(30명) 이방인 장년, 청년들.

주어진 상황

삼손의 결혼식 날. 풍속에 따라 여자의 집으로 가서 결혼식을 한다. 삼손은 판관(사사)이자, 이스라엘의 지도자였다. 그는 원래 하느님께 봉헌된 사람으로 술과 여자를 멀리하는 경건한 삶을 살아야 하는 운명이었지만, 몇 차례의 전투에서 그의 괴력으로 승리하여 그는 교만하여졌다. 자신을 뽐내고 자랑하고 싶은 행동을 한다. 그래서 결혼식 하객(들러리들)에게 퀴즈(수수께끼)를 걸고 내기를 한다.

인물의 행동과 목표

삼손	들러리들에게 30명이 입을 모시옷 30벌과 예복 30벌을 걸고 수수께끼를 낸다. 자신의 과시욕을 드러낸다.
삼손의 아내	동족들의 시달림으로 삼손의 수수께끼 답을 알아내 들러리들에게 답을 가르쳐 준다.
들러리들	삼손의 수수께끼를 풀 자신이 없자. 삼손의 아내를 들볶아 답을 알아낸다.

성경 말씀: 판관기 14장 10-20

(삼손은 그 여자에게로 내려가서 젊은이가 장가갈 때 하는 풍속대로 잔치를 벌였다. 그러나 그들은 삼손이 무서워서 들러리를 삼십 명이나 뽑아 함께 머물게 하였다.)

삼손 내가 수수께끼 하나를 낼 터이니, 잔치가 계속되는 이레 동안 생각해서 맞혀 보게.
알아내기만 하면 내가 모시옷 서른 벌과 예복 서른 벌을 내지.
그러나 맞혀 내지 못하면 자네들이 나에게 모시옷 서른 벌과 예복 서른 벌을 내야 하네.

들러리들 (그들은 좋다고 하면서) 수수께끼를 말해 봐.

삼손 먹는 자에게서 먹는 것이 나오고 힘센 자에게서 단 것이 나오는데,

그것이 무엇인가?

(그들은 사흘이 지나도록 그 수수께끼를 풀지 못했다. 나흘째 되던 날 그들은 삼손의 아내에게 을러메었다.)

들러리들 네 신랑을 꾀어 그 수수께끼의 답을 알아 내서 알려다오. 그렇지 않으면 네 일족을 불에 태워 죽이겠다.

네가 우리를 초대해 놓고는 홀랑 벗길 셈이냐?

삼손의 아내 (그에게 매달려 눈물을 흘리며 떼를 썼다.)

당신은 나를 사랑하는 것이 아니라 미워하고 있어요. 우리 동족들에게 수수께끼를 내놓으셨지만, 그것이 무엇인지 저한테마저 숨기실 건 없지 않아요?

삼손 그것은 내 부모에게조차 알리지 않았는데 어찌 당신에게라고 말하겠소?

(거절했지만 잔치가 끝나기까지 이렛 동안 색시가 매달려 울면서 조르는 바람에 삼손은 이레째 되던 날 털어 놓고야 말았다. 색시는 그 수수께끼의 답이 무엇인지 제 동족들에게 일러 주었다. 이레째 되는 날이 와서 삼손이 신방에 들려고 하는데, 그 성 사람들이 그에게 말하였다.)

들러리들 꿀보다 단 것이 어디 있고 사자보다 힘센 것이 어디 있으랴?

삼손 자네들이 내 암소로 밭을 갈았구나. 그래서 내 수수께끼를 알아맞

힌 거지?

(삼손은 이렇게 말하고는 야훼의 영에 사로잡혀, 아스클론으로 내려 가 거기에서 삼십 명을 죽이고 그들의 나들이옷을 벗겨 수수께끼를 알아 맞힌 사람들에게 주고는 화가 나서 자기 집으로 돌아 왔다. 일이 이쯤 되자 삼손의 아내는 들러리들 가운데 어떤 한 사람에게 시집가고 말았다)

연기노트

삼손이라는 인물의 모습과 성격을 생각해 봅니다.

첫 번째 떠오르는 생각은 체격이 훌륭합니다. 엄청난 괴력의 소유자입니다.

손이 크고, 억셉니다. 단순합니다. 직선적입니다. 소리가 우렁찹니다.

두 번째로는 반대로 생각해 봅니다.

체격이 그렇게 크지 않습니다. 평범합니다. 평소에는 연약해 보입니다.

소리도 나긋나긋합니다. 머리를 자르지 않아 여자같이 보입니다.

덩치 크고 힘센 인물이 힘 자랑 하는 것과, 연약해 보이지만 결정적 순간에 힘을 쓸 수 있는 인물. 어떤 인물로 삼손을 연기하면 좋을까요?

제가 내는 수수께끼입니다!

Text 15. 삼손과 데릴라

등장인물

삼손

데릴라 산골짜기의 여인, 삼손의 두 번째 여자. 데릴라(דְּלִילָה)라는 이름은 '연약한 자', '밤', '머리카락을 늘어뜨린 자', '숭배의 대상' 등 여러 가지 의미로 해석될 수 있습니다. 어떤 해석이 정확하다고 단정지을 수는 없지만, 이러한 다양한 해석들은 모두 데릴라가 삼손의 삶에서 부정적인 역할을 할 것임을 암시하고 있습니다. 즉, 이름 자체가 앞으로 전개될 비극적인 이야기의 복선 역할을 하는 것으로 볼 수 있습니다. 데릴라는 겉으로는 매력적이고 연약해 보일 수 있지만, 실상은 삼손을 파멸로 이끄는 치명적인 덫과 같은 존재였으며, 그의 이름은 이러한 이중성을 잘 나타내고 있다고 해석할 수 있습니다.

데릴라의 이름의 뜻 갸날픈자. 밤, 긴 머리의 여인

추장 블레셋의 추장.

주어진 상황과 인물의 목표

이스라엘 젊은 판관 삼손은 첫 번째 결혼에 실패하고도, 다시 결혼하게 된다. 첫 번째 여자는 부유한 여자였다(들러리를 30명이나 고용했다).

두 번째 여자는 산골짜기 여자였다(그녀는 가난했다). 그러나 이번에도 이방 여자였다.

그의 이름은 데릴라. 이스라엘을 두려워하는 블레셋 추장(족장)이 돈으로 데릴라를 회유하여 삼손의 비밀을 알아내어 그를 제거하려는 음모를 꾸민다. 아마도 삼손이라는 인물이 브레셋에게는 치명적인 장애물이었을 것이다. 데릴라에게 제시한 은 천백세겔은 지금 돈 한화 165억 원! 이 정도의 금액이면 그 당시 조그마한 부족 전체의 재산이었을 것이다. 부족의 전 재산을 걸고서라도 반드시 제거해야 하는 삼손. 가난한 여자 데릴라는 한꺼번에 신분 상승과 부자가 될 수 있는 기회.

획 눈 돌아갈 거액에 데릴라는 끈질긴 꼬심과, 회유, 설득을 통하여 삼손의 비밀을 브레셋 족장에게 알려준다. 데릴라의 연기(행동)의 이유와 목적은 여기에서 출발하지 않을까?

이 장면은 최소한 하루에 벌어진 사건이 아니다. 어쩌면 몇 달을 두고 일어난 일이다. 데릴라가 바보가 아니라면 매일매일 삼손에게 세 번에 걸쳐 비밀을 알려달라고 하지 않았을 것이다.

첫 번째, 두 번째, 세 번째, 매 사건마다 데릴라와 브레셋 사람들의 모략은 실패하고 만다. 삼손은 바보였을까? 한 번도 아닌 세 번이나 데릴라에게 거짓 비밀을 알려주다니! 삼손은 무슨 생각이었을까? 데릴라가 너무 예뻐서! 데릴라는 더욱 뱀처럼 삼손을 휘감는다.

성경 말씀: 판관기 16장 5–21

(이 일이 있은 후, 삼손은 소렉 골짜기에 사는 한 여자를 사랑하게 되었다. 그 여자의 이름은 데릴라라고 했다 블레셋 추장들이 그 여자를 찾아 와서 부탁하였다.)

추장 그를 꾀어내어 그 큰 힘이 어디에서 나오는지 알아보아라.
어떻게 하면 그를 잡아 묶어서 맥을 못 쓰게 할 수 있을는지 알아내어라.

그것만 알아내면 그 대가로 우리 모두가 너에게 은 천백 세겔씩을 주겠다.

(그리하여 데릴라가 삼손에게 물었다.)

데릴라 당신의 그 엄청난 힘은 어디서 나오죠?
어떻게 하면 당신을 묶어서 맥이 빠지게 할 수 있을지 저한테만은 알려주셔도 되지 않아요?

삼손 마르지 않은 새 밧줄 일곱 매끼로 묶으면 나도 맥이 빠져서 여느 사람처럼 되지.

(데릴라는 불레셋 추장들에게 마르지 않은 밧줄 일곱 매끼를 받아 가지고 삼손을 묶었다.
그리고는 제 방에 사람들을 숨겨 놓고 있다가 소리쳤다.)

데릴라 여보세요. 불레셋 사람들이 당신을 잡으러 왔어요.

(삼손은 밧줄을 불에 탄 삼오라기처럼 끊어 버렸다. 그리하여 그의 힘의 비밀은 알려지지 않았다. 그러자 데릴라가 삼손에게 말하였다.)

데릴라 당신은 나를 놀렸군요. 거짓말을 했어요. 무엇으로 당신을 묶으면 되는지 저한테 만은 알려주셔도 되잖아요?

삼손 한 번도 사용하지 않은 새 밧줄로 탄탄히 묶으면 나도 맥이 빠져 여느 사람처럼 되지.

(데릴라는 새 밧줄을 가져다가 삼손을 묶고는 소리쳤다.)

데릴라 여보세요. 불레셋 사람들이 당신을 잡으러 왔어요.

(방에는 미리 사람을 숨겨 두고 있었다. 삼손은 자기를 묶은 밧줄을 실오라기처럼 툭툭 끊어 버렸다.)

데릴라 여전히 당신은 나를 놀리시는군요. 또 거짓말을 했어요. 무엇으로 당신을 묶으면 되는지 저한테만은 알려주셔도 되지 않아요?

삼손 내 머리 일곱 가닥을 씨줄로 엮어 말뚝에 매어 놓으면 나도 맥이 빠져 여느 사람처럼 되지.

(데릴라는 그를 잠들게 하고 그의 머리 일곱 가닥을 씨줄로 엮어 말뚝에 매고는 외쳤다.)

데릴라 여보세요. 불레셋 사람들이 당신을 잡으러 왔어요.

(삼손이 눈을 뜨고 일어나자 말뚝이 머리채에 감긴 채 뽑혔다.)

데릴라 당신은 나에게 도무지 마음이 없군요. 그러면서 나를 사랑한다구요? 벌써 나를 세 번이나 놀리셨어요. 당신의 그 엄청난 힘이 어디에서 나오는지 저한테마저 숨기시다니!

(날이면 날마다 악착같이 졸라대는 바람에 삼손은 귀찮아 죽을 지경이 되었다. 그래서 삼손은 마침내 속을 다 털어놓고 말았다.)

삼손 나는 모태로부터 하느님께 바친 나지르인이야.
그래서 내 머리에는 면도칼이 닿아 본 적이 없다. 내 머리만 깎으면, 나도 힘을 잃고 맥이 빠져 다른 사람과 조금도 다를 것이 없이 되지.

(데릴라는 삼손이 자기 속을 다 털어 놓은 것을 보고 불레셋 추장들을 불렀다.)

데릴라 한 번만 더 와 보십시오. 삼손이 속을 다 털어놓았습니다.

(불레셋 추장들은 돈을 가지고 왔다. 데릴라는 삼손을 무릎에 뉘어 잠재우고는 사람을 불러 그의 머리 일곱 가닥을 자르게 하였다. 그러자 삼손은 맥이 빠져 힘없는 사람이 되었다.)

데릴라 여보세요. 불레셋 사람들이 당신을 잡으러 왔어요.

(데릴라가 이렇게 소리치는 것을 듣고 삼손은 잠에서 깨어났다. 그는 전과 같이 털고 일어나 뛰쳐나갈 수 있으려니 여겼다. 야훼께서 이미 자기를 떠나신 줄 알지 못했던 것이다. 불레셋 사람들은 그를 잡아 눈을 뽑은 다음 가자로 끌고 내려가 놋사슬 두 줄을 메워 옥에서 연자매를 돌리게 하였다.)

연기노트

연기 연습을 할 때 소품이 중요합니다. 긴 머리를 가지고 있는 삼손(가발), 가위. 새끼줄, 밧줄, 머리카락, 쇠사슬. 여러 가지 음식 그릇, 칼 등 도구를 사용하는 인간. 도구를 잘, 정확히 사용하는 것이 연기를 잘 하는 것입니다.

연기 연습 16

Text 16. 룻과 보아즈의 첫날 밤

주어진 상황

사사들이 이스라엘 지파들을 다스리던 시대에 흉년이 들었다. 이러한 위기로 인해 유다 베들레헴 출신의 엘리멜렉은 아내 나오미와 두 아들 말론과 기룐과 함께 모압으로 이주했다. 그곳에서 엘리멜렉은 죽고 두 아들은 모압 여인 오르바와 룻과 결혼했다. 그들은 말론과 기룐도 죽기 전까지 모압에서 약 10년 동안 살았다.

나오미는 유다 땅에 흉년이 지나갔다는 소식을 듣고 집으로 돌아가기로 결심했다. 그녀는 며느리들에게 어머니 집으로 돌아가서 다시 결혼하라고 말했다. 처음에 오르바와 룻은 둘 다 그녀를 떠나기를 거부했지만 나오미는 오르바와 룻이 결혼할 수 있는 아들이 더 이상 없을 것 같다고 말했다. 그들은 모두 울었고 오르바는 나오미를 떠나 자기 백성에게로 돌아가기로 결정했다. 나오미는 다시 룻을 돌려보내려고 했으나 "(…) 당신이 가시는 곳에 나도 가고 당신이 계시는 곳에 나도 유숙하리이다. 당신의 백성이 내 백성이 되고 당신의 하나님이 내 하나님이 되리라. 당신이 죽는 곳에서 나도 죽어 거기 묻힐 것이다."고 말했다.

결국 나오미와 룻은 보리 수확이 시작될 무렵 베들레헴에 도착했다. 거기에는 엘리멜렉의 친척인 보아스가 살고 있었는데, 룻은 자기 밭에 가서 추수꾼들을 따라 이삭을 줍기로 결심했다. 보아스는 밭에 이르러 그 소녀가 누구냐고 묻고, 룻에게 남의 밭에 가지 말고 계속 이삭을 주우라고 하며, 목마르면 언제든지 물그릇으로 마시라고 말했다. 사신, 룻이 그에게 왜 외국인에게 그렇게 친절하게 대하는지 물었을 때, 보아스는 그녀가 나오미에게 얼마나 충성스러운지 들었다고 말했다. 식사 시간에 보아스는 룻을 초대하여 함께 먹게 한 다음, 추수꾼들에게 룻을 비난하거나 책망하지 말고, 보따리에서 보리를 꺼내서 줍도록 남겨 두라고 지시했다. 룻은 보리와 밀을 추수하는 동안 보아스 밭에서 이삭을 주웠다.

추수가 끝나고 보아스가 밤에 타작마당에서 보리를 까불고 있을 때, 나오미는 룻에게 몸을 씻고 기름을 바르고 타작마당에 가서 보아스가 자고 누웠을 때 발을 풀고 거기 누우라고 권했다. 룻은 그 말대로 했다. 밤중에 보아스가 일어났고, 룻은 그에게 남편의 고엘이자 그의 권리를 보호하는 가장 가까운 친척이므로 보호해 달라고 요청했다. 보아스는 그렇게 하고 싶다고 말했지만 룻에게는 그보다 더 가까운 친척이 있었다.

아침에 보아스는 성문 곁에 가서 앉았다가 그 친척이 도착하자 그와 이야기를 나누었다. 그는 나오미가 엘리멜렉의 땅을 팔고 있다고 그에게 말했다. 그 사람은 그것을 상환하겠다고 말했다. 보아스는 그 땅과 함께 룻도 얻어서 공동 결혼을 통해 죽은 자의 상속 재산을 이어받게 될 것이라고 말했지만, 그 남자는 자신의 상속 재산이 손상될까 두려워 이를 거부했다. 보아스는 그 땅과 룻을 샀는다. 룻은 보아스의 아내가 되어 그에게 아들 오벳을 낳았는데, 오벳은 다윗 왕의 아버지인 이새의 아버지가 되었다.

등장인물

나오미 여자. 구약성경에서 유래한 서양의 여성 이름으로, 룻기의 주인공 룻(Ruth; 루스)의 시어머니이다. 히브리어로 '나의 기쁨', '나의 귀염둥이'를 뜻한다.

룻(영어: Ruth, 히브리어: רוּת) 룻기에 등장하는 인물이다. 이야기에 따르면 그는 고대 히브보아스(בועז, Boaz)는 히브리어 성경 룻기와 신약성경에서 예수님의 족보에 나오는 인물이다. 성경에는 24번 나온다.

보아즈 이름의 의미는 '재빠름(ness)'을 의미한다. 힘과 강한의 의미로도 사용되었다.

살몬과 기생 라합의 아들(마1:5)이며 베들레헴의 부유한 지주(룻 2:3-23)였다. 후에 나오미의 남편인 엘리멜렉의 친척(룻 2:1)이며 모압 여인인 룻과 결혼하여 오벳을 낳았다(룻 4:13). 다윗의 증조부였다.

성경 말씀: 룻기 3장 1-14절

(시어머니 나오미가 룻에게 말했다.)

나오미 아가, 이젠 너도 행복을 누리며 살 보금자리가 있어야겠구나.
내가 그것을 마련해 주마. 그렇지 않느냐?
너는 보아즈 댁 아낙네들과 어울려 지냈지만 그분은 너도 알다시피 우리와는 친척이다. 바로 오늘 밤 그분은 타작마당에서 보리를 까부를 것이다.
그러니 너는 목욕을 하고 향수를 바른 다음 장옷을 입고 그 댁 타작마당에 내려가 보아라.
그분이 저녁 식사를 마치기까지는 눈치 채이지 않도록 하여라.
그분이 잠자리에 들거든 그 잠자리를 잘 알아 두었다가 살그머니 가서 그 발치께를 들치고, 거기 누워라. 그 다음에 네가 할 일은 그분이 일러줄 것이다.

룻 어머님 말씀대로 어김없이 하겠습니다.

(룻은 이렇게 대답하고, 타작 마당으로 내려 가 시어머니가 시킨 대로 하였다.
보아즈는 먹고 마시고 나서 흐뭇한 마음으로 보리가리 옆에 가서 누웠다. 룻은 살며시 가서 그의 발치께를 들치고 거기 누웠다.

보아즈는 한밤중에 한기를 느껴 몸을 웅크리다가 발치께에 웬 여자가 누워 있는 것을 알고)

보아즈 너는 웬 여자냐?

룻 비녀는 룻입니다. 어르신네께서는 이 몸을 맡아 주실 분이십니다. 그 옷자락으로 저의 몸을 덮어 주십시오.

보아즈 아가, 야훼께 복을 받아라. 너는 돈이야 있든 없든 젊은 사람을 따라 감직한데 그러지 아니하고 이렇게까지 효성을 다하니, 이것은 지난날의 효성보다도 더 갸륵하구나.

아가, 걱정하지 말아라. 네가 무엇을 원하든지 내가 다 들어주마. 네가 굳센 여자라는 것은 이 성 안에 사는 내 겨레치고 모르는 사람이 없다.

너를 맡아줄 의무가 나에게 있는 것이 사실이지만 너한테는 나보다 더 가까운 친척이 또 있다.

이 밤은 여기서 지내거라. 내일 아침에 그가 너를 맡겠다고 나서면, 좋다, 그가 너를 맡을 것이다. 만일 그가 싫다고 하면, 내가 반드시 너를 맡아주겠다. 날이 샐 때까지 여기에서 쉬어라.

(이리하여 룻은 날이 새기까지 그의 발치께에 누워 있다가, 여자가 타작마당에 왔었다는 것이 알려져서는 안 된다는 보아즈의 말을 따라 서로 얼굴을 알아볼 수 있게 되기 전에 일어났다.)

연기노트

내가 감당 할 수 없는 일이 내게 주어질 때 어떻게 해야 하나? 내가 하기 싫은 일이 내게 주어졌을 때 어떤 행동을 해야 하나?

순종한다는 것은 어떤 의미인가?

내가 만약 나오미이고, 내가 만약 보아즈라면 이런 행동을 할 수 있을까?

배우의 연기는 내가 느끼고, 공감하고, 생각하는 것에서부터 출발합니다.

Text 17. 한나의 목표를 이루는 기도

이 장면은 독백과 대화로 이루어져 있습니다. 독백은 한나의 기도입니다. 그리고 대화는 제사장(판관) 엘리와의 대화 장면입니다.

독백은 배우가 혼자서 하는 말이지만 여기서는 하느님과 대화입니다. 독백은 배우 혼자 일방적인 자기 생각을 얘기하는 것이지만 하느님과의 기도는 하나님의 말씀을 경청하는 것입니다.

한나의 기도는 Text에서 4줄의 짧은 문장으로 되어 있지만 성경에는 오랫동안 한나가 기도하였다고 합니다. 한 문장의 말을 하고, 그 다음에 하느님이 주시는 응답을 듣는 것. 그리고 그 응답에 따라 다음 문장의 말을 이어 갑니다.

그렇습니다. 말을 잘 하기 위해서는, 연기를 잘 하기 위해서는, 잘 들어야 합니다. 경청해야 합니다. 그리고 반응해야 합니다.

등장인물과 주어진 상황

한나(Hannah/'hænə, 히브리어: חַנָּה Ḥanna '은혜, 은혜') 사무엘상에 언급된 엘가나의 아내 중 한 명이다. 히브리어 성경에 따르면 그녀는 사무엘의 어머니였다. 한나에 관한 이야기는 사무엘상 1장 2~2장 21절에 나온다. 사무엘상 처음 두 장 외에는 성서에서 그녀에 대해 달리 언급하지 않는다.

성경 이야기에서 한나는 엘가나의 두 아내 중 한 사람이다. 또 다른 브닌나는 엘가나에게 자녀를 낳았으나 한나에게는 자녀가 없었더라 그럼에도 불구하고 엘가나는 한나를 더 좋아했다. 릴리안 클라인(Lillian Klein)에 따르면, 이 교차점의 사용은 여성의 지위를 강조한다. 한나는 주요 아내이지만 브닌나는 자녀를 낳는 데 성공했다. 한나의 주 아내로서의 지위와 그녀의 불임은 각각 창세기 17장과 창세기 25장의 사라와 리브가를 연상시킨다. 클라인은 한나의 불임 때문에 엘가나가 브닌나를 두 번째 아내로 취했다고 제안한다. 매년 엘가나는 실로 성소에 제사를 드리고 브닌나와 그 자녀들에게 몫을 주었으나 한나에게는 갑절의 몫을 주었으니 이는 그가 한나를 사랑하고 여호와께서 그의 태를 닫으셨음이니라(사무엘상 1:5). 어느 날 한나는 성막에 올라가서 크게 울며 기도했다(사무엘상 1:10). 그때 대제사장 엘리는 문설주 곁 의자에 앉아 있었다. 그녀는 기도하면서 하나님께 아들을 달라고 구했고, 그 답례로 그녀는 그 아들을 하나님께 돌려드려 하나님을 섬기겠다고 맹세했다. 그녀는 그가 평생 동안 나실인으로 남을 것이라고 약속했다. 릴리안 클라인에 따르면 여성의 가치는 출산 능력에 따라 명백히 향상된다. 이 이야기는 그녀의 고통을 개인적인 실패에 두고 그것을 공동체적 맥락에서 끌어낸다. 한나의 절박한 서약은 단지 남자 아이를 낳는 것만으로도 그녀가 공동체에 정착할 수 있음을 나타낸다.

엘리는 그 여자가 취한 줄 알고 그녀에게 질문했다. 그녀가 자신을 설명하자 그는 그녀를 축복하고 집으로 보냈다. 한나는 임신하여 아들을 낳고 그 이름을 사무엘이라 지었는데, 이는 문자 그대로 '하나님께서 그를 구하였으므로(사무엘상 1:20) 하나님이 들으셨다는 뜻이다. 군주정 이전 이스라엘에서 이름을 부여하는 여성의 역할은 적어도 가족 내에서 권위 있는 사회적 역할을 암시한다. 그녀는 젖을 떼기까지 아이를 키우고 제물과 함께 성전으로 데려갔다.

한나는 또한 여선지자로 간주된다. 그녀의 감사의 노래(사무엘상 2:1–10)에서 그녀는 '자신의 개인적인 경험을 통해 하나님의 경륜의 보편적인 법칙을 분별하고 전체에 대한 그 중요성을 깨닫도록' 영감을 받았다. 이 노래는 신약성경에 나오는 마리아의 감사 노래인 마니피캇(누가복음 1:46–55)과 비교될 수 있지만, 성서 주석가 A. F. 커크패트릭은 "마니피캇은 한나의 노래와 주의 깊게 비교되어야 한다"고 지적한다. 모방이라기보다 메아리에 가까운 노래. 유사점은 실제 언어보다는 생각과 어조에 더 있으며, 이 찬송이 한나의 상황에 적합하다는 가장 섬세하고 귀중한 증언을 제공한다.

엘리는 한나에게 또 다른 축복을 선포하여, 아들 셋과 딸 둘을 더 낳아 모두 여섯을 낳았다.

엘리 이스라엘의 판관(사사).

성경 말씀: 사무엘상 1장 9–18

(실로에서 젯상을 물리고 나자. 한나는 일어나 야훼 앞에 나아갔다. 그때 마침 사제 엘리가 야훼의 성전 문 뒤에 있는 의자에 앉아 있었다. 한나는 마음이 아파 흐느껴 울며 야훼께 애원하였다. 그는 서원을 하며 빌었다.)

한나 이 계집종의 가련한 모습을 굽어 살펴 주십시오.
이 계집종을 저버리지 마시고 사내 아이 하나만 점지해 주십시오.
그러면 저는 그 아이를 야훼께 바치겠습니다.
평생 그의 머리를 깎지 않도록 하겠습니다.

(한나가 야훼께 오래 기도를 드리고 있는 동안 엘리는 한나의 입술을 지켜보고 있었다. 한나는 속으로 기도하고 있었으므로 입술만 움직일 뿐, 소리가 들리지 않았다. 그래서 엘리가 한나를 술 취한 여자로 알고,)

엘리 언제까지 이렇게 주정을 하고 있을 참이냐?

어서 술에서 깨어나지 못하겠느냐? (하고 꾸짖자)

한나 (대답하였다.) 아닙니다. 사제님! 저는 정신이 말짱합니다.

포도주도 소주도 마시지 않았습니다.

저는 야훼께 제 속을 털어놓고 있습니다.

사제님, 이 계집종을 좋지 못한 여자로 생각지 마십시오.

저는 너무 서럽고 괴로워서 이제껏 기도하고 있었습니다.

엘리 그럼, 안심하고 돌아가거라.

이스라엘을 보살피시는 하느님께서 네 기도를 들어 주실 것이다.

한나 그렇게까지 보아 주시니 고맙기 그지없습니다.

(하면서 물러 나와 음식을 먹었다. 그 얼굴에는 어느덧 수심이 걷히었다.)

연기노트

한나라는 여자의 간절한 소원! 그녀는 하느님께 나아가 성령 기도를 드렸다(방언기도). 그리고 응답받았습니다.

배우가 되겠다고 하는 연기 수련생 여러분! 배우로서 여러분은 간절한 소원이 무엇입니까? 유명해지고 싶습니까? 돈을 많이 벌고 싶습니까?

아닙니다. 배우의 목표는

첫째, 내가 하고 싶은 작품입니다. 배역입니다(고전극, 창작극–자신의 작품).

둘째, 내가 서고 싶은 무대(극장), 내가 만들고 싶은 무대(극장)입니다.

셋째, 내가 같이 하고 싶은 동료들(작가, 연출, 배우 등)입니다.

이런 목표를 세우기 위해 작품을 읽고, 보고, 느끼고, 극장을 찾아다니며 사람들을 만납니다. 그렇게 준비(연습)하다 보면 마음속에 정말 하고 싶은 목표가 생깁니다. 이 작품, 이 배역, 이 극장, 이 동료들. 하고 싶은 것이 많은 사람(작품, 배역, 극장)이 훌륭한 배우가 되는 밑천을 가진 사람입니다.

아들을 가지게 해달라는 한나의 구체적인 소원이 응답받았듯이 배우로서 구체적인 소원(목표)을 가지고, 기도하며 준비하십시오. 주님께서 응답하십니다.

Text 18. 사무엘의 책망과 사울의 변명

이 장면은 2인극입니다. 등장인물은 사울 왕과 선지자 사무엘입니다.

2인극에서는 두 사람의 관계가 중요합니다. 아마도 사무엘이 연장자이고, 사울 왕은 그보다는 젊은 왕입니다. 사울 왕은 사무엘에게서 기름 부어 이스라엘의 첫 번째 왕으로 옹립된 사람으로 사무엘에 대한 경외심이 있습니다. 그렇지만 그는 왕입니다.

등장인물

사무엘(Samuel, 히브리어: שְׁמוּאֵל) 구약성경의 사무엘서에 등장하는 유대의 예언자이자, 이스라엘 역사 중 판관(사사) 시대의 사실상 최후의 사사(판관)이다. 이름의 뜻은 히브리어로 '구하다'이다. 사사(판관)가 활동한 시대의 말기에서 통일이스라엘 왕국 초기에 걸쳐 활약했다.

에브라임 사람 엘가나와 한나 사이에서 태어나, 어릴 적부터 나실인으로 야훼께 바쳐졌다. 사무엘은 실로의 대제사장 엘리 밑에서 성장하며 예언자로서의 소명을 받았다. 그는 블레셋과의 전투에서 종교적, 군사적 지도력을 발휘하며 이스라엘의 통합과 정체성을 지키는데 중요한 역할을 했다. 또한, 이스라엘 최초의 왕 사울을 기름 부어 세우고, 그의 뒤를 이어 다윗을 왕으로 세우는 데 이바지했다. 사무엘은 예언자, 판관, 제사장의 역할을 모두 겸비한 인물로, 신명기 역사가들에 의해 이상화된 인물로 묘사된다. 그의 죽음 이후에도 그의 영향력은 지속되어, 사울 왕이 엔 돌의 무녀를 통해 그의 영혼을 소환했던 이야기가 전해진다.

사울(히브리어: שָׁאוּל 사울) 구약성경에 등장하는 이스라엘 왕국의 초대 멜렉(군주)이다. 기원전 11세기 후반에 통치한 것으로 이해됐는데, 이스라엘과 유다가 흩어져 살던 부족 사회에서 조직적인 국가 지위로의 전환기를 다스린 인물로 이해된다. 사울과 그의 통치가 실제로 이루어졌는가에 대한 문제는 기독교 신학계와 역사학계 사이에 이견이 있다. 사울은 예언자 사무엘이 기름을 부어 왕으로 세운 인물로, 기브아에서 다스렸다. 길보아산에서 벌어진 전투에서 불레셋군에게 붙잡히지 않기 위해 검으로 자살했다. 그 후계는 적장자 이스보셋과 사위 다윗 사이의 경쟁 끝에 다윗이 이었다.

주어진 상황과 목표

사울 왕은 안 멜 정체 부족과의 전쟁에서 승리하여 돌아왔다. 그러나 그는 하느님이 사무엘을 통해 명하신 명령을 다 지키지 않았다. 모든 것을 진멸하라 하신 하느님의 명령을 따르지 않고 자기 욕심에 끌려 가축들과 사람들을 살려 두었다(부를 축적하기 위해서).

선지자 사무엘은 사울 왕을 찾아 질책한다. 사울 왕은 변명과 책임회피를 하며 끝내 사무엘의 옷자락을 잡고 애원하지만 그는 하느님의 명령에 불복종한 죗값을 받는다.

성경 말씀: 사무엘상 15장 13-31

(사무엘이 사울을 찾아 만나자, 사울이)

사울 야훼께 복을 받으십시오. 저는 야훼께서 시키신 대로 다 하였습니다. (하며 인사를 하였다.)

사무엘 양이 우는 소리가 들리는데 어찌 된 일이오?

또 소 우는 소리도 들리는데 어찌 된 일이오?

사울 군인들이 아말렉에게서 빼앗아 온 것입니다.

양떼, 소떼 중에서도 좋은 놈을 살려두었다가 선생께서 모시는 야훼 하느님께 잡아 바치려고 끌어 온 것입니다.

그 밖의 것은 모조리 없애 버렸습니다. (하고 변명하자)

사무엘 그만하시오.

지난밤 야훼께서 나에게 내리신 말씀을 전할 터이니 들으시오.

사울 어서 말씀하십시오.

사무엘 그대는 본래 자신을 하찮은 사람이라고 생각했었지만 야훼께서 그대를 기름부어 이스라엘 위에 왕으로 세우시고 이스라엘 지파들의 머리로 삼으셨소.

야훼께서 그대를 출정시키시면서 무엇이라고 하셨소?

"가서 저 못된 아말렉족을 없애 버려라.

그들을 쳐서 하나도 남기지 말고 모조리 전멸시켜라"고 하지 않으셨소?

그런데도 그대는 어찌하여 야훼의 말씀은 듣지 아니하고 전리품에만 덤벼들어 야훼의 눈에 거슬리는 일을 하였소?

사울 (사무엘에게 변명하였다.) 나는 야훼의 말씀대로 했습니다.

야훼께서 지시하시는 길로 가서 아말렉을 전멸시키고 아말렉 왕 아각만 잡아 왔습니다.
단지 군인들이 죽여 없애야 할 짐승 가운데서 양과 소를 좋은 놈으로만 잡아 왔습니다.
그것도 길갈에서 선생께서 모시는 야훼 하느님께 잡아 바치려고 한 것이었습니다.

사무엘 야훼께서, 당신의 말씀을 따르는 것보다 번제나 친교제 바치는 것을 더 기뻐하실 것 같소?
순종하는 것이 제사드리는 것보다 낫고,
그분 말씀을 명심하는 것이 염소의 기름기보다 낫소.
그분을 거역하는 것은 점쟁이 노릇만큼이나 죄가 되고 그분께 대드는 것은 우상을 위하는 것만큼이나 죄가 되오.
그대가 야훼의 말씀을 거역하였으니, 야훼께서도 그대를 왕의 파면시키실 것이오.

사울 (사무엘에게 빌었다.) 내가 죄를 지었습니다. 군인들이 무서워서 야훼의 명령과 선생의 말씀을 무시하고 그들이 하자는 대로 하였습니다.
이제 부디 나의 죄를 용서해 주십시오.
내가 야훼께 예배를 드리러 돌아갈 터인데 함께 가 주시지 않겠습니까?

사무엘 같이 갈 수 없소. 그대가 야훼의 말씀을 저버렸으니, 야훼께서도 그대를 이스라엘 왕위에서 밀어내실 것이오.

(이 말을 남기고 사무엘이 돌아서 가려고 하자 사울이 도포를 붙잡는 바람에 도포자

락이 찢어졌다.)

사무엘 야훼께서는 오늘 이스라엘 나라를 그대에게서 찢어 내시어 동족 가운데 서 그대보다 훌륭한 사람에게 주셨소.

이스라엘을 비추시는 이는 빈말을 하시거나 변심하시는 분이 아니오.

사람처럼 변덕을 부리는 분이 아니시오.

사울 (애원하였다.) 내가 죄를 지었습니다. 이스라엘과 내 백성의 장로들 앞에서 내 체면을 한 번만 보아 주십시오.

내가 선생께서 모시는 야훼 하느님께 예배드릴 수 있도록 선생께서 저와 함께 돌아 가 주시지 않겠습니까?

(그리하여 사무엘은 사울을 따라 갔다. 사울은 야훼께 예배를 드렸다.)

연기노트

연기를 할 때 행동의 일관성을 체크해야 합니다.

이 장면에서 사울의 행동은 이러합니다.

'인사 – 변명 – 빔 - 도포를 잡음 – 애원 – 따라감 – 예배'의 순서로 행동을 합니다.

연기자는 단순히 대사를 외우는 것이 아니라 행동의 순서를 암기합니다.

행동(몸짓) 위에 소리(대사)가 실립니다.

Text 19. 골리앗의 도발

이 장면은 1인극입니다. 혼자서 무대를 장악하고 관객들과 만나야 합니다. 배우에게는 참 부담스러운 연기 장면입니다.

골리앗이 등장합니다. 골리앗은 성경에 기록된바, 거인이며 힘센 장수입니다. 소리도 우렁찹니다. 사울을 비롯한 이스라엘 군대는 겁을 잔뜩 먹고 그를 대적하지 못합니다.

등장인물

골리앗 블레셋의 장군, 거인. 엄청난 괴력의 사나이.

주어진 상황과 목표

사울 왕이 이끄는 이스라엘 군대와 블레셋 군대가 전쟁터에서 만났습니다.

거인인 골리앗은 우뚝 더 잘 보일 것이고, 그의 체격과 우렁찬 소리에 이스라엘 군대는 압도당해 목책 안으로 수비적으로 웅그리고 있는 형색입니다.

골리앗은 싸움을 걸어옵니다. 여러 가지 욕을 하면서 이스라엘을 욕보이며 자극합니다.

성경 말씀: 사무엘상 17장 4-11

(블레셋 진영에서 골리앗이라고 하는 장수 하나가 싸움을 걸어왔다. 그는 갓 출신으

로서 장신이었다. 머리에는 놋투구를 썼고 비늘갑옷을 입었는데 그 갑옷의 무게는 놋 오천 세겔이나 나갔으며, 정강이에는 놋으로 만든 정강이받이를 찼고 어깨에는 놋으로 만든 창을 메고 있었다. 그 창대는 베틀 용두머리만큼 굵었고 창날은 쇠로 되어 있었는데 그 무게는 육백 세겔이 넘었다. 방패당번을 앞에 세우고 나서서 그는 이스라엘 진영을 향하여 고함을 질렀다.)

골리앗 전열을 갖추어 가지고 나오면 어쩌겠다는 말이냐? 너희 사울의 졸개들아, 이 불레셋 장수와 맞서 싸울 자를 골라 이리로 내려보내라.

만약 그자가 나한테 이겨서 나를 쳐 죽이면 우리가 너희 종이 될 터이나, 내가 이겨서 그자를 죽이면 너희가 우리의 종이 되어 우리를 섬겨야 한다.

(다시 소리쳤다.)

내가 오늘 이렇게 너희 이스라엘 진영에 욕을 퍼붓는데도, 나와 결판을 낼 사람을 내보내지 못하겠느냐?

(사울과 이스라엘 전군은 이 불레셋 장수의 말을 듣고 너무나 겁에 질려 떨고만 있었다.)

연기노트

배우는 큰 소리를 낼 줄 알아야 합니다(대극장 발성). 또한 작은 소리도 낼 수 있도록 훈련해야 합니다.

소극장(100~200석), 대극장 (1,500-3,000석)에서도 배우의 목소리는 저 멀리 끝 좌석 관객에게도 명료하게 대사가 전달되어야 합니다. 소극장에서는 10m, 대극장에서는 30m, 떨어진 관객들에게 작은소리라도 명료하게 대사를 전달해야 합니다. 그렇게 위해선 호흡, 발성, 발음, 공명, 음성훈련을 통해 자기 자신만의 특색있는 소리(음색)를 가져야 합니다. 그리고 여러 가지 극적 상황을 두고 연습하여 작품마다, 배역마다 창조된 음성 기술(무대 화술)을 구사할 수 있어야 합니다.

요즘 무대 연기에서도 와이어리스(무선) 마이크를 착용합니다. 작품의 스타일에 따라서는 필요한 때도 있기는 하지만 마이크에 의존하는 배우는 그 역할이 제한적일 수밖에 없습니다.

Text 20 다윗과 골리앗의 결투

이 장면부터 이어지는 7개의 장면은 모두 다윗의 이야기입니다. 이스라엘의 위대한 왕 다윗은 이스라엘 왕국의 초석을 닦은 왕입니다.

어린 소년 다윗. 청년 다윗. 왕이 된 다윗. 장년의 다윗. 노년의 다윗이 등장합니다. 배우가 소년에서 노년에 이르는 생의 전 과정을 연기해 본다는 것. 참으로 소중한 경험이 될 것입니다.

등장인물

다윗 어린 소년, 양치기 목동. 이스라엘 민족의 두 번째 임금이었던 다윗은 이스라엘 역사에서 가장 위대한 임금이었다. 구약성경에서는 그를 하느님 백성의 위대한 임금으로 묘사하고 있다. 400여 년 동안 지속된 왕조의 기초를 놓고 황금기를 연 그는 기원전 1010년경부터 970년경까지 이스라엘을 통치한 것으로 보인다. 다윗의 생애에 관한 기록들은 사무엘기 상권 16-31장, 사무엘기 하권 1-24장, 열왕기 상권 1-2장과 역대기 상권 10-29장에서 찾아볼 수 있다.

골리앗 블레셋의 장수.

주어진 상황과 목표

이 장면은 블레셋의 거인 장수 골리앗과 이스라엘의 어린 소년 다윗의 전투 장면입니다.

전쟁터에 형들을 찾아온 어린 소년 다윗은 골리앗이 이스라엘을 모욕하는 것을 보고 격분하여 이스라엘의 장수를 대신하여 골리앗과 맞상대하기를 지원합니다.
사울 왕은 내심 이런 생각을 했을지도 모릅니다. '이스라엘의 어린 소년이 골리앗에게 처참하게 죽임을 당했다. 불쌍한 소년 다윗. 원수를 갚자! 떨어진 이스라엘 군대의 사기를 높일 수 있는 계책이다.'
그러나 어린 소년 다윗은 싸움은 자신이 하는 것이 아니라 하느님이 대신 싸워 주신다는 믿음이 있었기에 담대하게 골리앗과 상대하여 그를 돌팔매질로 쓰러뜨리고, 그의 칼로 목을 베어 버립니다.

성경 말씀: 사무엘상 17장 41-50

(불레셋 장수도 방패당번을 앞세우고 한 걸음 한 걸음 다윗에게 다가왔다. 불레셋 장수는 다윗을 건너다보고 볼이 붉은 잘생긴 어린아이라는 것을 알고는 우습게 여겨,)

골리앗 막대기는 왜 가지고 나왔느냐? 내가 개란 말이냐?
(하고는 자기 신의 이름을 부르며 다윗을 저주하였다.)
어서 나오너라. 네 살점을 하늘의 새와 들짐승의 밥으로 만들어 주마.

다윗 네가 칼을 차고 창과 표창을 잡고 나왔다만, 나는 만군의 야훼의 이름을 믿고 나왔다.
네가 욕지거리를 퍼붓는 이스라엘 군대의 하느님의 이름을 믿고 나왔다.
오늘 야훼께서 너를 내 손아귀에 넣어 주셨다.
나야말로 네놈을 쳐서 목을 떨어뜨리고 네 시체와 불레셋 전군의 시체를 하늘의 새와 들짐승의 밥로 만들어 주리라.

그리하여 이스라엘이 모시는 하느님이 어떤 분이신지 천하에 알리리라.
여기 모인 모든 사람은 이제 야훼께서는 칼이나 창 따위를 써서 구원하시는 것이 아니라는 사실을 알게 되리라.
야훼께서 몸소 싸우시어 네놈들을 우리 손에 넘겨 주실 것이다.

(불레셋 장수가 한 걸음 한 걸음 다가오자, 다윗은 재빨리 대열에서 벗어나 뛰쳐나가다가 주머니에서 돌 하나를 꺼내어 팔매질을 하여 그 불레셋 장수의 이마를 맞혔다. 돌이 이마에 박히자 그는 땅바닥에 쓰러졌다. 이리하여 다윗은 칼도 없이 팔매돌 하나로 불레셋 장수를 누르고 쳐 죽였다.)

연기노트

배우의 행동(몸짓)은 수많은 연습으로 그 기량이 만들어집니다. 어린 목동 다윗은 아마도 수천, 수만 번의 돌팔매질 연습을 하였을 것입니다.
내가 만약 이 장면의 다윗이라면 다윗의 돌팔매 기술을 따라 할 수 있을까요? 그럼 어떻게 하면 내가 다윗처럼 할 수 있을까요?
우선 자료를 찾아 정확한 폼(자세, 형식, 형태)을 익힙니다. 폼이 정확하면 그 다음에 따라오는 기술은 저절로 됩니다.
무대에서의 연기는 실제(현실)가 아닙니다. 관객들로 하여금 저 이일이 실제로 일어난 듯 착각 (환영)을 가지게 하는 것입니다. 정확한 폼 (자세)를 가지는 것은 수백 번의 연습으로 가능합니다.

Text 21. 사울의 사악한 계략

이 장면은 소년 다윗이 청년이 되어 많은 전투에서 승리하고 백성들에게도 칭송받는 장군이 되었을 때 이야기입니다.

늙은 왕 사울은 다윗이 자신의 왕권에 도전할 것이라는 피해망상을 가집니다.

등장인물

사울 이스라엘의 1대 왕. 나이가 들었다.

다윗 청년이 되었다.

성경 말씀: 사무엘상 18장 17-25

사울 (다윗에게) 내 맏딸 메랍을 네 아내로 줄 터이니 나를 위하여 야훼께서 앞장서시는 싸움을 용감하게 싸워다오.

(사울은 자기의 손을 쓰지 않고 불레셋 사람들 손을 빌어서 다윗을 죽일 속셈이었다.)

다윗 (왕에게) 이스라엘에서 소인의 가문과 소인의 일가가 뭐 보잘 것이 있습니까? 제가 어떻게 감히 부마가 되겠습니까? (하며 사양하였다.)

(그런데 사울은 딸 메랍을 다윗에게 주기로 하고도, 정작 때가 되자 므홀라 사람 아드리엘에게 시집보냈다.한편 사울의 딸 미갈이 다윗을 사랑하고 있었다. 이 일을 전해 듣고 사울은 마침 잘 됐다고 생각하였다.)

사울 (독백) 그 애를 아내로 주어야겠다. 그 애를 미끼로 삼아 블레셋 놈들의 손을 빌어 놈을 죽여야지.

(다윗에게) 오늘 당장 내 부마가 되어 주게. (하고 다시 부탁하였다.)

(그리고는 신하들을 시켜 다윗에게 "당신은 왕의 마음에 드셨을 뿐 아니라 왕의 신하들도 다 좋아하니 서슴지 말고 부마가 되시오" 하고 넌지시 이르게 하였다. 사울의 신하들이 다윗에게 그대로 말하였다.)

다윗 (신하들에게) 당신들은 나처럼 가난하고 천한 몸으로 부마가 되는 것이 그렇게 쉬운 일이라고 생각하시오? (하면서 사양하였다.)

(신하들은 사울에게 다윗이 한 말을 전했다.)

연기노트

늙고, 사악한 왕 사울의 모습을 상상해 봅니다. 몸의 자세, 걸음걸이, 표정, 주름살, 호흡과 목소리…. **연기는 관찰에서 시작하여 상상으로 연결됩니다.** 청년 다윗의 모습도 그려 봅니다. 건장한 체격. 당당한 목소리, 뚜렷한 이목구비…

내가 아닌 배역(인물)로 새로이 창조하기 위해선 정확한 설계도가 필요합니다. **관찰과 상상으로 이어진 연기플랜(연기악보)가 있어야 합니다.** 악보 없이 즉흥적으로 연기하는 것은 언뜻 멋있고, 창조적인 연기를 하는 것같이 보일지 모르지만, 종국 삼천포로 빠지는 실수를 저지릅니다. 그러면 작품(공연)을 망치고 맙니다.

Text 22. 요나단의 용기

등장인물

요나단 사울 왕의 아들. 훗날 왕이 된 친구 다윗에 대한 우정과 충성으로 성서에서 찬사를 받는 인물들 가운데 한 사람이다. 그는 기브아에 있는 필리스티아 사람들의 수비대를 물리친 일로 사무엘 상 13장 2절에 처음 언급된다.

다윗이 사울 가문의 일원이 되고 필리스티아 사람들에게 많은 승리를 거두었을 때, 다윗과 요나단은 친한 친구가 되었다. 사울이 시기심에 불타 다윗을 적으로 생각하자 요나단은 둘을 화해시키려고 노력했으나, 그 효과는 잠시뿐이었다. 요나단은 다윗의 친구로 남아 사울이 그에게 진노하고 있음을 일러줌으로써 피하도록 했다. 두 친구가 지브 광야에서 마지막으로 만났을 때 다윗이 이스라엘의 다음 왕이 되면 요나단은 신하가 되기로 약속했다. 그 후 사울, 요나단, 요나단의 형제들은 필리스티아 전투에서 죽었고, 여러 해가 지난 뒤 다윗은 이들의 유골을 베냐민 땅에 있는 기스에 이장했다.

다윗 20대의 청년.

사울 50대의 노년.

주어진 상황과 목표

요나단이라는 인물을 생각해 봅니다. 요나단은 사울 왕의 아들로서 왕위 계승자입니다. 아버지 사울의 정적 다윗을 요나단은 좋아합니다. 친구로 여깁니다. 친구 다윗을 죽이려는 아버지 사울에게 감히 할 수 없는 용기를 내어 다윗을 구명합니다. 친구를 살려달라고, 죽이지 말라고, 그리고 답을 얻어냅니다.

사울 왕은 계략을 꾸미는 사악한 왕입니다. 다윗을 칭송하는 백성들의 소리에 시기와 질투, 왕좌를 빼길 두려움에 빠집니다. 그는 결코 자기 손에 피를 묻히려 하지 않는 교활한 자입니다. 왕위 계승자 아들 요나단의 청을 들어주는 것 같은 거짓 맹세를 합니다.

성경 말씀: 사무엘상 19장 1– 8

(사울이 아들 요나단과 온 시종들에게 다윗을 죽이겠다는 이야기를 털어놓았다. 그러나 사울의 아들 요나단은 다윗을 매우 좋아하였으므로 다윗에게 귀띔해 주었다.)

요나단 아버지가 자네를 죽이려고 하니 내일 아침은 숨어서 꼼짝 말고 몸조심하게.
자네가 숨어 있는 들로 아버지를 모시고 나가 곁에서 자네 이야기를 하여 아버지의 마음을 떠보고 나서 자네에게 알려주겠네.

(그리고 요나단은 아버지에게 다윗을 두둔하며 말하였다.)

요나단 (사울에게) 아버님, 아버님의 신하 다윗을 억울하게 하지 마십시오.
다윗이 아버님께 최선을 다해서 잘 해 드린 것밖에 무슨 잘못이 있습니까? 그는 목숨을 걸고 불레셋 장수를 죽였습니다.
그래서 야훼께서 온 이스라엘에게 대승을 안겨주신 것을 보시고 아버님도 기뻐하시지 않으셨습니까? 그런데 어째서 다윗을 죽여 죄 없는 피를 억울하게 흘리게 하시렵니까?

(사울은 요나단의 말을 듣고)

사울 (요나단에게) 야훼께서 살아 계시는 한 다윗을 죽이지 않겠다.

(하고 맹세하였다.)

(요나단은 다윗을 불러 이 모든 것을 일러주고 나서 사울에게 데리고 들어가 전처럼 모시게 하였다.

전쟁이 다시 일어나자 다윗은 전장에 나가서 불레셋과 싸워 그들을 크게 무찔러 쫓아 버렸다.)

연기노트

이 장면은 요나단이 다윗에게 하는 연기 장면과 요나단이 사울에게 다윗을 구명하는 장면으로 나뉩니다.

우리는 일상생활에서 사람들과의 관계 속에 여러 가지 행동과 말투를 가집니다. 웃어른(직장 상사)을 대하는 태도, 몸가짐, 말투, 아랫사람(후배, 동생, 연하)을 대하는 행동, 그리고 막역한 친구들(동년배)과의 행동과 말투는 차이가 있습니다.

또한 국가별, 민족별, 종교별, 지역별로도 문화적 차이, 예법과 행동거지가 다릅니다.

주어진 상황과 목표에 따라 가장 적절한 행동하는 것이 연기를 잘 하는 것입니다.

Text 23. 요나단과 다윗의 우정

등장인물

다윗

요나단

주어진 상황 목표

청년으로 성장한 다윗은 사울 왕의 아들 요나단과 깊은 우정을 나누는 친구(의형제)가 되었습니다.
요나단은 다윗을 매우 좋아하였습니다. 추측건대 같은 전쟁터에서 요나단과 다윗은 생사를 넘나드는 전투를 같이 하였고, 아마도 요나단의 목숨을 다윗이 몇 번이나 구해주었을 것입니다. 요나단은 자신의 그릇을 알았고, 다윗의 그릇을 가름할 수 있었을 것입니다.
다윗을 죽이기 위한 사울 왕의 광기는 더욱더 해갑니다. 다윗은 죽임을 피해 도망을 다니는 처지가 되었습니다. 다윗은 요나단을 찾아갑니다. 다윗이 도와줄 수 있는 사람은 오직 친구 요나단뿐이었습니다.

성경 말씀: 사무엘상 20장 1-23

(다윗이 라마에 있는 나욧에서 도망하여 요나단을 찾아가 항의하였다.)

다윗 내가 무슨 짓을 했단 말인가?
내가 무슨 못할 짓을 했는가? 자네 아버님께 무슨 잘못을 저질렀기에 이렇게 내 목숨을 노리신단 말인가?

요나단 자네를 죽이시다니, 그럴 리가 있나?
우리 아버지는 큰일이든 작은 일이든 나에게 알리지 않고 하시는 일이 없으시다네. 그런데 이 일만은 나에게 숨기실 리가 있겠는가? (하고 말하였다.)

다윗 (다시 항의하였다.) 틀림없이 자네 아버님께서 자네가 나를 끔찍이 생각해 주는 것을 아시고 자네가 괴로워할까 봐 이 일만은 자네에게 알리지 않기로 하신 거야.
나는 한 발만 까딱해도 영락없이 죽을 몸이야. 이것은 하느님도 아시고 자네도 아는 일 아닌가?

요나단 그럼 내가 어떻게 하면 좋을지 자네의 소원을 말해 보게.

다윗 내일이 초하루, 내가 임금님의 정찬에 나가는 날이 아닌가?
그러니 내가 삼일 저녁까지 들에 나가 숨어 있게 해 주게나.
만일 자네 아버님께서 내가 보이지 않는다고 찾으시거든, 문중의 주년

제가 있어 속히 고향 베들레헴에 다녀 올 수 있도록 휴가를 청하더라고 말해 주게.
그래서 만일 좋다고 하시면 이 몸이 무사하겠지만, 화를 내신다면 나를 해치려고 결심하신 걸로 알게.
제발 우정을 지켜 주게.
자네는 야훼 앞에서 나와 엄숙히 의형제를 맺지 않았는가?
만약 나에게 허물이 있다면 차라리 자네가 날 죽이게.
자네 아버님의 손을 빌 것까지는 없지 않는가?

요나단 천만에!
만약 우리 아버님이 자네를 해치려고 마음 잡수신 것을 알게 된다면, 내가 어찌 자네에게 알려주지 않겠는가?

다윗 자네 아버님께서 역정을 내실 경우, 누가 그것을 알려주겠는가?

요나단 들로 나가자. (하며 다윗을 들로 데리고 나갔다.)
(거기에서 요나단은 다윗에게 약속하였다.)
나는 이스라엘의 하느님 야훼 앞에서 맹세하겠네.
내일 이맘때 다시 아버님 마음을 떠보겠는데 나에게서 별 소식이 없거든 아버님이 아직도 자네 다윗을 좋아하시는 걸로 알게.
하지만 아버님이 자네를 해치려고 하신다면 소식을 보내겠네.
만일 내가 알려 주지 않아서 자네가 무사히 도망치지 못하게 된다면 야훼께서 이 요나단에게 아무리 중한 벌을 내리셔도 달게 받겠네.
야훼께서 아버님과 함께 하셨듯이 자네와도 함께 하시기를 바라네.

그 대신 내 목숨이 붙어 있는 동안에 야훼 앞에서 맺은 우정을 저버리지 말아 주게. 내가 죽은 다음에라도 내 집안과 의리를 끊지 말고 길이 지켜 주게.
야훼께서 자네 다윗의 원수들을 땅 위에서 없애 버리시는 날,
나 요나단의 이름이 다윗 가문에서 끊긴다면 야훼께서는 자네 원수의 손을 빌려 책임을 물으실 것일세.

(요나단은 다윗을 자기 목숨처럼 아꼈다. 요나단은 다윗을 아끼는 마음에서 그에게 다시 맹세하였다.)

내일은 초하루, 자네 자리가 비면 아버님이 자네를 찾으실 걸세.
모레가 되면 자네를 몹시 찾으실 테니 저번 일이 있을 때 숨었던 그 에셀 바위 옆에 가서 숨어 있게.
내가 과녁을 맞히는 체하고 그 쪽으로 활을 세 번 쏘고
시종을 시켜 화살을 집어 오게 하면서 그 시종에게 "화살이 이쪽에 있다. 집어 오너라" 하면 절대로 아무 일 없을 터이니 안심하고 나오게.
그러나 내가 시종에게 "화살이 저쪽에 있다. 더 가거라!"고 하면 야훼께서 자네를 보내시는 줄로 알고 떠나가게.
야훼께서 나와 자네 사이에 언제까지나 서 계실 것일세.

(이리하여 다윗은 들에 숨게 되었다.)

연기노트

두 인물 사이의 관계를 상상해 봅니다.

의형제를 맺은 친구. 생사가 걸린 절체절명의 위기 속에서 자기 목숨처럼 아끼는 친구를 위해 할 수 있는 행동(소리와 몸짓).

내가 만약 다윗이었고, 요나단이라면 성경에 나와 있는 말씀대로 할 것인가? 아니면 다른 행동을 할 것인가?

소리 내 말씀을 읽고, 말하고, 행동하여 봅니다.

Text24. 사울과 요나단의 다툼

이 장면은 다윗을 죽이려는 사울과 다윗을 옹호하는 아들 요나단이 정면으로 부딪치는 장면입니다.

사울은 화가 얼마나 났으면 창을 뽑아 아들 요나단을 죽이려 했을까? 자식을 저주하고 죽이려는 아버지를 둔 아들 요나단의 마음은 어떠할까? 극단적인 정서의 끝에는 어떤 행동이 숨겨져 있을까?

행동을 찾는 것. 그 행동을 찾기 위해 이렇게 저렇게 연습합니다. 한 가지 연습 방법은 한 가지 연기, 열 가지 연습 방법은 열 가지 연기 기술을 습득하는 것입니다.

등장인물

사울

요나단

주어진 상황과 목표

다윗은 요나단의 도움으로, 광야로 도피하였다. 요나단은 아버지 사울의 속셈을 확인하기 위해 사울 왕의 잔치에 참여한다. 사울 왕은 잔치에 다윗을 초대하여 다윗을 잡아 죽이려고 한다. 다윗이 잔치에 연속으로 참석하지 않자, 사울 왕은 다윗이 참석하지 않는 이유를 요나단에게 물어본다. 사울은 요나단이 허락하여 다윗이 떠난 것을 알자. 대노한다. (창을 뽑아 아들을 죽이려 하였다) 요나단은 아버지 사울의 면전에서 다윗을 적극 옹호한다.

성경 말씀: 사무엘상 20장 24-34

(이리하여 다윗은 들에 숨게 되었다. 초하루가 되어 왕이 잔치에 나와 자리를 잡았다. 왕이 관습대로 벽 쪽에 자리를 잡자 요나단이 앞에 앉고 아브넬은 사울 옆에 앉았는데 다윗의 자리는 비어 있었다. 그러나 그날은 사울이 아무 말도 하지 않았다. 다윗이 어쩌다가 부정을 타서 몸이 깨끗하지 못해 못 나왔거니 하고 생각하였던 것이다. 초하루는 그렇게 지났으나 그 다음날도 다윗의 자리가 비어 있자,)

사울 (아들 요나단에게)
이새의 아들이 어제도 오늘도 정찬에 나오지 않았으니 웬일이냐?

요나단 (왕에게 대답하였다.) 다윗이 베들레헴엘 좀 다녀오게 해달라고 청하더군요.
형들이 고향에서 지내는 문중제사에 다녀와야 하니 갔다 오게 허락해 달라고 저한테 간청했습니다.
그래서 아버님께서 베푸시는 식탁에 나오지 못한 것입니다.

사울 (이 말을 듣고 사울은 요나단에게 버럭 화를 냈다.)
이 몹쓸 화냥년의 자식놈아! 그래 네가 이새의 아들놈하고 단짝이 된 것을 내가 모를 줄 아느냐? 네 망신이 어미 망신이 될 줄 알아라.
이새의 아들놈이 땅 위에 살아 있는 한 너와 네 왕관은 안전하지 못하리라. 당장 그 죽일 놈을 잡아 들여라.

요나단 죽일 놈이라구요? 다윗이 무슨 짓을 했다고 그러십니까?

(하고 아버지에게 항의하자, 사울은 창을 뽑아 들고 아들을 죽이려 하였다. 요나단은 아버지가 다윗을 죽이기로 작정했다는 것을 알아차렸다.

요나단은 화가 나서 자리를 떴다. 그리고 축제 이틀째 되는 날에는 아무것도 먹지 않았다. 아버지가 다윗을 욕하였으므로 마음이 몹시 아팠던 것이다.)

연기노트

첫 번째로 연기를 시작할 때 상대 배역과 정면으로 마주 보고 앉아, 서로 얼굴을 마주 보고 연기를 시작하세요. (시선을 마주하세요.)

두 번째로 앉아서 하다가 일어나고 싶으면 자리에서 일어나세요. 앉고 싶으면 다시 앉으세요.

세 번째로 자리에서 일어나 앞으로 걸어 나가고 싶으면 몇 발을 움직여 다니세요. (이때에도 시선은 상대방을 계속 주목해야 합니다.) 돌고 싶으면 상대 배역(의자) 주위를 맴도세요.

네 번째로 상대 배역의 몸(신체: 머리, 어깨, 손, 허리 등)을 터치해 보세요. 악수해 보세요. 안아보세요. 때려 보세요. **주어진 상황과 대사에 맞게 가장 적절한 신체 행위를 찾아보세요. 이러면 연기(액팅)가 시작됩니다.**

Text 25. 다윗, 사울을 살려주다

이 장면은 재미있습니다. 아마 성경 전체에서 딱 한 번 있는 배변(똥 누는) 장면이 펼쳐집니다.

일반적으로 사실주의 연극(무대연기)에서는 배변 장면, 살인 장면(자살) 등등은 무대 위에서 연기하지 않는 것이 관례입니다. 왜냐하면 그 행위(행동) 자체가 연극을 끝내는 행위이기 때문입니다. 그래서 실제적인 장면이 아닌 관객들의 상상을 통한 교감을 연출합니다. (무대 밖에서 총소리, 물을 내리는 소리, 신음하는 소리)

그렇지만 이 장면에서 사울은 용변이 하도 급해 컴컴한 산속 동굴로 들어갑니다. 어두운, 앞이 잘 보이지 않는 동굴 속. 그 안에 다윗과 그 일행이 숨어 있었습니다.
상상을 통해 그림을 그려 보십시오.

등장인물

사울

다윗

주어진 상황과 목표

삼천 명의 군사를 이끌고 다윗을 찾아서 죽이기로 한 사울. 그도 인간입니다. 중무장한 갑옷과, 투구, 병장기를 내려놓고 그는 아무도 없을 것 같은 어두운 동굴 안으로 볼

일 보러 들어갑니다.

그런데 그 안에는 숨죽이며 숨어 있던 다윗과 그 일행이 있었습니다. 다윗에게는 절호의 기회입니다. 그런데 다윗은 사울의 목숨을 빼앗지 않습니다. 다윗의 긴 대사(설득)에 사울은 다윗을 아들이라 부릅니다. 그리고 다윗에게 당부합니다.

상상해 보십시오. 당신은 이런 행동을 할 수 있겠습니까? 여기에 하느님의 놀라운 섭리가 들어 있다고 생각하십니까?

성경 말씀: 사무엘상 24장 1–24

(다윗은 거기에서 떠나 엔게디 근방의 험준한 곳에 올라가 머물렀다. 사울은 불레셋군을 쫓아 낸 다음 다윗이 엔게디 광야에 있다는 소식을 듣고 온 이스라엘에서 뽑은 삼천 명을 이끌고 다윗 일당을 찾아 들염소바위 동편으로 갔다. 그곳 길 옆에는 양우리가 여기저기 있었고 그 근처에 동굴이 하나 있었는데 사울은 거기에 들어가 뒤를 보았다. 마침 다윗이 부하를 거느리고 그 굴 속에 있었는데, 부하들이 다윗에게 말하였다.)

부하들 야훼께서 장군의 원수를 장군 손에 넘겨주겠다고 하시던 때가 왔습니다. 그때가 오면 마음대로 하라고 하시지 않으셨습니까?

(살며시 가까이 가서 사울이 입고 있는 겉옷 자락을 잘라 내었다. 그 뒤 다윗은 사울의 옷자락을 자른 일이 마음에 걸렸다. 그러나 다윗은 부하들에게 말하였다.)

다윗 야훼께서 기름부어 성별해 세우신 상전에게 감히 그런 짓을 할 수가 있느냐?

그분에게 손을 대다니, 천벌받을 소리다.

(다윗은 이렇게 꾸짖어 사울을 치지 못하게 막고는 사울이 일어나 굴을 나와 걸어가자 다윗이 굴에서 뒤쫓아 뛰어 나오면서 사울의 뒤에다 대고)

다윗 임금님! (하고 외쳤다. 사울이 돌아다보니 다윗이 땅에 엎드려 절하고 있었다.)
어찌하여 임금님께서는, 다윗이 왕을 해치려 한다는 터무니없는 소리를 곧이 들으십니까?
보십시오. 오늘 야훼께서는 분명히 동굴에 들어오신 임금님을 제 손에 넘겨주셨지만 야훼께서 기름부어 성별해 세우신 저의 상전을 어떻게 감히 손을 대랴 하며 임금님을 아끼는 마음에서 죽이지 않았습니다.
아버님, 보십시오. 여기 제 손에 임금님의 겉옷 자락이 있습니다.
나는 이렇게 겉옷 자락만 자르고 임금님께 칼은 대지 않았습니다.
그러니 내가 임금님을 해치거나 반역할 생각이 없었다는 것을 알아주셔야 하겠습니다.
내가 임금님께 잘못한 일이 없는데도 임금님께서는 나를 잡아 죽이려고 쫓아다니시니 어찌 된 일이십니까?
야훼께서 우리 사이를 판가름해 주실 것입니다.
제가 임금님께 당하는 이 억울함을 야훼께서 풀어 주시려니와 저는 임금님께 손댈 생각이 없습니다.
'악인에게서 악이 나온다'는 옛 속담도 있지만, 저는 임금님께 손댈 생각이 없습니다.
이스라엘의 대왕께서 누구를 찾아 이렇게 출동하셨단 말씀입니까? 누구를 추격하시는 것입니까? 죽은 개 한 마리를 쫓아 오셨습니까? 벼룩

한 마리를 쫓아 오셨습니까?

야훼께서 재판관이 되시어 우리 사이를 판가름해 주실 것입니다.

저의 억울함을 살피시어 저를 변호하시고 바른 판결을 내리셔서 저를 임금님의 손에서 건져 주시기를 바랍니다.

(다윗이 사울에게 이렇게 말하자 사울은)

사울 내 아들 다윗아, 그게 정말 네 목소리냐?

(하면서 울음을 터뜨렸다.)

네가 나보다 낫구나. 나는 너를 못살게 굴었는데도 너는 나에게 이렇게 잘해 주었다.

오늘 야훼께서 나를 네 손에 넘겨주셨는데도 너는 나를 죽이지 않고 나에게 이렇듯이 한없는 은덕을 베풀었구나.

원수를 만나 고스란히 돌려보낼 사람이 어디 있겠느냐? 그런데도 네가 오늘 나에게 이런 일을 해 주었으니 야훼께서 너에게 상 주시기를 바란다.

나는 이제야 알았다. 너야말로 임금이 될 사람이다. 이스라엘 왕국은 너의 통치 아래 번영을 누릴 것이다.

그러니 이제 야훼의 이름으로 나에게 맹세해 다오. 내 후손을 끊어 버리지 않고 내 이름을 내 가문에서 지워 버리지 않겠다고 맹세해다오.

(그래서 다윗은 사울에게 맹세하였다. 그 뒤 사울은 궁으로 돌아갔고, 다윗은 부하를 이끌고 자기들의 산채로 올라갔다.)

연기노트

사울의 심리(정서)를 상상해 봅니다.

다윗의 말을 듣고 울었습니다. (만약 나라면 울었을까요?) 그리고 역으로 다윗에게 자신과 자기 족속들의 안위를 부탁합니다. (만약 나라면 그런 행동을 할 수 있을까요?)

연기는 원인과 결과. 결과와 원인이라는 인과율 법칙, 작용과 반작용이라는 일반적 운동 원리가 적용됩니다. 그리고 깨달음이라는 결과물로 매듭하게 됩니다.

Text를 찬찬히 소리 내 읽고, 말하면서 다윗과 사울의 내면 심리 변화를 연구해 봅니다.

Text 26. 나단이 다윗을 꾸짖다 (장수 우리야를 죽이고 아내를 빼앗은 다윗)

등장인물

나단 선지자. 나단은 다윗 왕 시대의 궁정 예언자였다. 사무엘하 7장 2절과 역대상 17장 1절에서 그는 다윗의 조언자로 소개된다. 다윗은 나단과 함께 자신의 안락한 집과 언약궤가 놓인 천막의 대조를 숙고한다. 나단은 이어서 다윗에게 하나님께서 그와 맺으신 언약을 전한다(사무엘하 7장 4–17절, 나단의 신탁으로 알려진 구절). 언약궤를 위한 집(즉, 건물)을 짓겠다는 다윗의 제안과 다윗을 위한 집(즉, 왕조)을 세우시려는 하나님의 계획을 대조한다. 나중에 나단은 다윗이 밧세바와 간통한 것을 질책하기 위해 다윗을 찾아온다. 밧세바는 헷 사람 우리아의 아내였는데, 다윗은 밧세바를 죽이고 다윗의 이전 죄를 은폐하려 했다(사무엘하 12장 7–14절).

다윗 장년. 노욕에 물든 왕.

주어진 상황과 목표

다윗은 30살에 이스라엘의 왕이 되고 이후 40년을 통치하였습니다. 그는 수많은 전투에서 승리하여 이스라엘 왕국을 반석 위에 올려놓았습니다. 그는 가진 것이 많은 왕이 되었습니다.

어느 날 가장 친애하는 부하 장수 우리야의 아내를 탐하는 죄를 저지르고 우리야를 전쟁터에 내 보내어 죽임을 당하게 만듭니다. 이런 다윗에게 선지자 나단이 찾아옵니다.

성경 말씀: 사무엘 하 12장 1–11

(야훼께서 예언자 나단을 다윗에게 보내셨다. 나단은 다윗을 찾아와 이런 이야기를 하였다.)

나단 어떤 성에 두 사람이 살고 있었는데, 한 사람은 부자였고 한 사람은 가난했습니다. 부자에게는 양도 소도 매우 많았지만, 가난한 이에게는 품삯으로 얻어 기르는 암컷 새끼 양 한 마리밖에 없었습니다. 그는 이 새끼 양을 제 자식들과 함께 키우며, 한 밥그릇에서 같이 먹이고 같은 잔으로 마시고 잘 때는 친딸이나 다를 바 없이 품에 안고 잤습니다.

그런데 하루는 부잣집에 손님이 하나 찾아왔습니다. 주인은 손님을 대접하는데 자기의 소나 양은 잡기가 아까워서, 그 가난한 집 새끼 양을 빼앗아 손님 대접을 했습니다.

다윗 (다윗은 몹시 괘씸한 생각이 들어 나단에게 소리쳤다.)

저런 죽일 놈! 세상에 그럴 수가 있느냐?

그런 인정머리 없는 짓을 한 놈을 그냥 둘 수는 없다. 그 양 한 마리를 네 배로 갚게 하리라.

나단 (그때 나단이 다윗에게 말하였다.)

임금님이 바로 그 사람입니다. 이스라엘의 하느님, 야훼께서 이렇게 말씀하셨습니다. "나는 너를 사울의 손아귀에서 빼내어 기름을 붓고 이스라엘의 왕으로 삼았다.

나는 네 상전의 딸과 아내들까지 네 품에 안겨 주었다. 나는 온 이스라엘과 유다의 딸들까지 너에게 주었다. 그래도 모자란다면 어떤 여자든지 더 주었을 것이다.

그런데 어찌하여 너는 나를 얕보며 내 눈에 거슬리는 짓을 했느냐?

너는 헷 사람 우리야를 칼로 쳐 죽였다. 암몬군의 칼을 빌어 그를 죽이고 그의 아내를 빼앗아 네 아내로 삼았다.

네가 이렇게 나를 얕보고 헷 사람 우리야의 아내를 네 아내로 삼았으니, 너의 집안에는 칼부림 가실 날이 없으리라."

(야훼께서 또 이렇게 말씀하셨습니다.)

"바로 네 당대에 재난을 일으킬 터이니 두고 보아라. 네가 보는 앞에서 네 계집들을 끌어다가 딴 사내의 품에 안겨 주리라. 밝은 대낮에 네 계집들은 욕을 당하리라.

너는 그 일을 쥐도 새도 모르게 했지만, 나는 이 일을 대낮에 온 이스라엘이 지켜보는 앞에서 이루리라."

다윗 내가 야훼께 죄를 지었소.

(다윗이 이렇게 자기 죄를 고백하자 나단이 말하였다.)

나단 야훼께서 분명 임금님의 죄를 용서해 주실 것입니다. 그리하여 임금님께서 죽지는 않으실 것입니다.

그러나 임금님께서 야훼를 얕보셨으니, 우리야의 아내가 낳게 될 아이는 죽을 것입니다.

(나단은 이 말을 남기고 집으로 돌아갔다.)

연기노트

다윗이라는 인물을 조사하여 봅니다. 그는 어릴 적 양치기 목동이었고, 소년 다윗은 골리앗을 돌팔매질로 거꾸러뜨린 용맹한 아이였습니다. 사울 왕의 총애를 받아 궁정 생활을 합니다. 그는 악기도 잘 다루고, 노래도 잘했습니다. 그는 시를 짓는 문학청년이었습니다.

청년이 된 다윗은 무수한 전투에 참여하여 승리한 개선장군이었습니다. 그에게는 목숨을 다하는 의형제 요나단 같은 친구가 있었으며, 그를 따르는 동지들이 함께한 통솔력 있는 지도자였습니다. 다윗은 30살에 이스라엘의 왕이 되고 이후 40년 동안 이스라엘을 통치했습니다. 소년 시절부터 노년에 이르는 다윗의 전 인생에 하느님이 함께 하셨습니다.

이 장면에서는 하느님의 말을 대신 전하는 선지자 나단의 책망이 주를 이룹니다. 그리고 다윗의 반응이 연결됩니다. 사람은 누구나 실수하고 죄를 짓습니다. 문제는 자신의 잘못을 인정하는 태도와 하느님께 용서를 비는 회개의 기도와 회개의 행동이 있느냐 하는 것입니다.

다윗이라는 인물을 통해 배우의 연기를 배워 봅니다.

연기 연습 27

Text 27. 다말을 욕보이는 암논

오늘 연기 연습할 장면은 연기하기 어려운 막장 드라마입니다.

다윗의 아들이 이복 여동생을 강간하는 범죄 장면입니다.

등장인물

압살롬(אַבְשָׁלוֹם, 평화의 아버지) 구약성서에 나오는 연합 이스라엘 왕국의 2대 왕 다윗의 셋째 아들이다. 아버지 다윗에 대항하여 압살롬의 난을 일으켰으나 패배해 살해당했다.

요나답 꾀 많은 청년.

암논(Amnon, 히브리어: אַמְנוֹן) 구약성서에 나오는 연합 이스라엘 왕국의 2대 왕 다윗의 아들이다. 이복동생 다말을 계획 강간하는 죄를 저지른 후 훗날 다말의 친오빠인 이복동생 압살롬에게 살해당했다. 구약성경 사무엘 하에 따르면 암논은 다윗이 헤브론에 있던 때 이스라엘 출신 여자 아히노암에게서 난 아들이자 장남이라고 기록하고 있다. 이후 암논은 압살롬의 누이 다말을 강간하는 일을 벌였고 이로 인해 압살롬의 철저하고 조용한 원한을 사게 된다. 동생 다말이 겪은 이전의 일을 잊지 않았던 압살롬이 2년 후 주최한 연회에 참석했다가 압살롬의 부하들에게 암살당했다.

다말(Tamar) 히브리어 성경 사무엘하에서 다윗 왕의 딸이자 압살롬의 누이인 이스라엘 왕국의 공주였다. 성경 이야기(사무엘하 13장)에서 그녀는 이복형 암논에게 강간을 당한다. 다말은 다윗 왕과 그술 왕 달매의 딸 마아가의 딸이었다. 압살롬은 그녀의 오빠이고 암논은 이복형이다. 성서는 다말의 어린 시절에 대해 언급하지 않는다. 그러나 사무엘하 13장에서 그녀는 '화려한 예복을 입고 있으며 이것이 옛적 왕의 처녀 딸들이 입던 옷'이라고 언급한다.

성경 말씀: 사무엘 하 13장 1-20

(그 뒤에 이런 일이 있었다. 다윗의 아들 압살롬에게 다말이라는 예쁜 누이가 있었는데, 다윗의 다른 아들 암논이 다말을 사랑하였다.

그러나 다말은 아직 처녀여서 좀처럼 만나기가 어렵다는 것을 알고 암논은 애만 태우다가 병이 나고 말았다.

마침 시므아라는 삼촌에게 요나답이라는 꾀 많은 아들이 있었는데 그는 암논과 가까운 사이였다. 그가 암논에게)

요나답 왕자님, 요즘 아침에 뵈올 적마다 안색이 좋지 않으십니다.
웬일인지 그 곡절을 들려주십시오.

암논 (대답하였다.) 나는 동생 압살롬의 누이 다말을 사랑하고 있소.

요나답 (이 말을 듣고 요나답이 한 꾀를 일러주었다.)
병든 체하고 자리에 누워 있다가 부왕께서 문병오시거든 누이동생 다말을 보내어 음식 시중을 들게 해 달라고 청을 드려 보십시오.
다말이 음식 차려 주는 것을 보고 싶고 그 손에서 받아먹고 싶다고 해 보십시오.

(암논은 자리에 누워서 앓는 체하고 있었다. 그러다가 왕이 문병오자 청을 드렸다.)

암논 아버님, 누이 다말을 보내 주십시오. 다말이 제 앞에서 떡 두어 개 손수 구워 주는 것을 받아먹고 싶습니다.

(다윗은 다말이 사는 궁으로 사람을 보내어 오라비 암논에게 가서 환자 입에 맞는 음식을 만들어 주라고 일렀다. 다말이 오라비 암논의 궁으로 가 보니 그는 정말 누워 있었다. 다말은 오라비가 보는 앞에서 떡가루로 반죽을 개어 환자가 먹을 떡을 빚어 구워 냈다. 그리고 구운 떡을 오라비 앞에 차려 놓았으나 암논은 먹을 생각은 하지 않고 방에 있던 사람들을 밖으로 나가라고 하였다. 시중들던 사람들이 다 물러가자)

암논 (다말에게) 그 떡을 이 방으로 가지고 들어 와서 네 손으로 먹여다오.

(다말은 손수 만든 떡을 들고 오라비 암논의 침실로 들어가서 그에게 먹이려고 다가가자 암논은 다말을 끌어안고 같이 자자고 했다.)

다말 오라버니, 이러지 마십시오. 제발 나를 욕보이지 마십시오.
이스라엘에는 이런 법이 없습니다. 이런 바보짓을 하지 마십시오.
제가 이런 수치를 어디에 가서 숨기겠습니까? 그러면, 오라버니는 이스라엘에서 바보가 될 것입니다. 이제라도 아버님께 저를 달라고 말씀해 보십시오. 거절하시지는 않으실 것입니다.
(그러나 아무리 애걸해도 암논은 듣지 않고 억지로 다말을 눕히고 욕을 보였다. 그

리고 나서는 다말이 몹시 싫어졌다. 욕을 보이고 나니 마음이 변해서 전에 사랑하던 그만큼 싫어졌던 것이다.)

암논 (다말에게) 어서 나가! (하고 소리쳤다.)

다말 오라버니, 너무하십니다. 이제 저를 내쫓으신다는 것은 방금 저에게 저지르신 일보다도 더 나쁜 일입니다.

(그가 말했지만 암논은 들은 체도 않고 시중 드는 하인을 불러)

암논 이 계집을 내 앞에서 쫓아내고 문을 걸어라. (하고 명령하였다.)

(하인이 다말을 내보내고 문을 잠가 버렸다. 다말은 시집 안 간 공주들이 입는 소매 긴 장옷을 입고 있었다. 다말은 머리에 먼지를 들쓰고, 걸치고 있던 장옷을 찢으며 손으로 머리를 감싸 쥔 채 목놓아 울면서 돌아갔다. 다말의 오라비 압살롬이 다말에게 물었다.)

압살롬 암논이 너를 건드렸지? 그래도 그는 네 오라비니 이 일은 입밖에 내지 말아라. 이 일로 너무 마음 쓸 것 없다.

(그 뒤로 다말은 오라비 압살롬의 집에서 쓸쓸한 나날을 보내게 되었다.)

연기노트

이 장면은 막장 드라마입니다. 새빨간 거짓말, 술수, 거친 숨결, 거친 행동, 거친 대사가 난무합니다. 배우가 무대에서 관객들 앞에서 연기를 실연하기에는 상당한 부담감을 가질 수 있는 장면입니다.

이런 장면을 연기하려면 우선적으로 연출가의 미장센이 필요합니다. 그리고 배우들 상호간의 예의와 상호존중이 필요합니다.

그 다음엔 기술입니다. 말싸움의 기술, 신체를 움직이는 기술(맨손싸움의 기술. 무기(칼)를 들고 하는 싸움), 남녀 간의 예법 기술(로맨스), 댄스 기술 등 배우가 익혀야 할 기술은 너무나 많습니다. 그래서 연기교육은 재미있습니다.

Text 28. 압살롬을 살리는 여걸의 연기 (요압의 지략)

등장인물

왕 다윗.

요압 다윗의 부하 장수. 스루야의 아들. 구약성경의 등장인물. 연합 이스라엘 왕국의 2대 왕 다윗의 조카이자 군대 사령관. 이름의 뜻은 야훼는 아버지. 어머니는 다윗의 누이인 스루야이며, 동생으로는 아비새, 아사헬이 있다. 형제들과 더불어 다윗이 거느린 용사들의 주축으로 대개 '스루야의 아들'이란 호칭은 이 사람을 지칭하고 있는 말이다. 다윗이 연합 이스라엘의 왕이 된 이후, 다윗의 정복전쟁을 수행하여 다윗의 영화를 쌓아 올리는데 일조한 유능한 명장이자 다윗의 치세 내내 그와 함께한 공신. 그리고 명장이 어떻게 흥하고 몰락하는지를 제대로 보여주는 대명사격 인물. 다윗에겐 애증의 조카이기도 하다.

여걸 드고아의 여인. 미루어 짐작컨대 무속인 아니면 배우.

주어진 상황과 목표

다윗왕의 가족사는 불행했습니다. 자식들 간에 치정과 살인, 복수의 악행이 점철되었습니다. 그리고 자식도 잃었습니다.

다윗왕은 불행한 암논이 죽었을 때의 아픔이 차츰 가시면서 압살롬에게 품었던 노기도 풀렸습니다. 이때를 요압은 압살롬을 예루살렘으로 불러들이기 위한 지략을 짜냅니다. 아마도 왕위 계승의 주도권을 가지기 위한 포석이 아닐까 하는 생각입니다. 요압은 드고아의 여인(성경에는 '여걸'이라 쓰여 있습니다)에게 다윗 왕을 설득할 지략을 알려 주고 실행하게 합니다. 드고아의 여인은 다윗왕 면전에서 실감나는 연기로 다윗의 마음을 움직입니다.

성경 말씀: 사무엘하 14장 1-24

(왕이 압살롬을 그리워하는 것을 알아채고 스루야의 아들 요압이 드고아에 사람을 보내어 여걸 하나를 불러다가 일렀다.)

요압 (여걸에게) 초상당한 사람처럼 행동하시오.
상복을 입고 머리를 풀어 헤친 채 오랫동안 상을 입은 여인처럼 꾸민 다음 어전에 들어가 내가 일러주는 대로 아뢰시오.

(그리고 나서 요압은 왕 앞에 나아가 할 말을 일러주었다. 그 드고아 여인은 왕 앞에 나아가 땅에 엎드려,)

여인 임금님, 저를 도와 주십시오. (하며 말을 꺼냈다.)

왕 웬일이냐? (하고 왕이 묻자 여인은 이렇게 하소연했다.)

여인 임금님, 저는 남편을 여윈 과부입니다.
그런데 저에게는 아들 둘이 있었습니다. 그것들이 어쩌다가 벌판에서 싸우게 되었는데 말릴 사람이 없어 한 아이가 그만 제 동기를 때려죽이고 말았습니다.

그런데 이번에는 온 문중이 들고 일어나 동기를 죽인 놈을 내놓으라고 이 계집을 들볶지 않겠습니까?

그 애를 쳐 죽여 죽은 아이의 원수를 갚고 그 애의 씨를 말려 버리겠다는 것입니다.

그리되면 이 계집의 불씨마저 꺼지고 맙니다.

남편의 이름을 이어 내려갈 후손이 땅 위에서 영영 끊기고 맙니다.

(이 말을 듣고 왕이 여인에게 다짐을 주었다.)

왕 집에 가 있거라. 내가 선처해 주마.

(드고아 여인이 또 이렇게 아뢰었다).

여인 이 죄는 저와 저의 가문에 있습니다. 임금님께 무슨 죄가 있사옵니까? 이 일로 왕실에 누를 끼치고 싶지는 않습니다.

왕 다시 너에게 그런 말을 하는 자가 있으면 이리로 끌고 오너라.

아무도 다시는 너를 괴롭히지 못하게 하리라.

(하고 왕이 다시 다짐해 주었지만 여인은 계속 간청하는 것이었다.)

여인 저 원수 갚겠다는 자들이 제 아들을 기어이 죽여 없앤다고 하면 어떻게 하겠습니까? 그렇게 못한다고 임금님의 하느님 야훼를 두고 맹세해 주십시오. (그가 다짐하였다.)

왕 살아 계시는 야훼 앞에서 맹세하거니와 네 아들의 머리카락 한 올도 땅에 떨어뜨리는 일이 없게 해 주리라. (여인이 다시 입을 열었다.)

여인 이 계집이 감히 임금님께 한 말씀 드리겠습니다.

왕 말해 보아라. (하고 그가 말하였다. 여인은 그제야 속말을 꺼냈다.)

여인 임금님께서 꼭 그런 생각을 하고 계시니, 어찌 그럴 수가 있으십니까? 그것은 하느님의 백성이 바라는 바가 아닙니다.
말씀만은 그렇게 하시면서 쫓겨난 그분을 불러들이지 않으시니, 어찌 잘못이 없다고 하시겠습니까?
우리는 땅에 엎질러져서 다시는 담을 수 없는 물같이 죽은 몸들입니다.
하느님께서는 사람의 목숨을 소중히 여기십니다.
그분이 비록 쫓겨났지만 하느님께서는 그분을 쫓아내실 뜻이 없으신 줄로 압니다.
저는 사람들이 너무도 무섭게 굴어서 이 말씀을 드리려고 이렇게 어전에 나왔습니다.
임금님께 아뢰면 행여 이 계집의 청을 들어 주시려니 생각했던 것입니다.
임금님께서는 이 계집의 하소연을 들으시고 하나 남은 자식을 하느님의 유업인 이스라엘에서 끊어 버리려는 사람의 손에서 건져주실 것이라고 생각하였습니다.
임금님이야말로 하늘이 내신 분이시므로 옳고 그름을 가리실 수 있으십니다.
그래서 임금님께서는 이 계집을 안심시켜 줄 말씀을 해 주시리라고 생각하였습니다. 야훼 하느님께서 임금님과 같이 계시기를 빕니다.

(왕은 이 말을 듣고)

왕 한 가지 물을 터이니 숨기지 말고 대답하여라. (하고 말했다.)

여인 임금님, 말씀하십시오.. (하고 여인이 대답하자)

왕 이 모든 것을 너에게 시킨 사람이 요압이 아니냐? (하고 물었다.)

여인 임금님, 과연 그렇습니다. (하며 여인이 대답하였다.) 임금님께서는 바로 알아보셨습니다. 과연 그렇습니다. 이 일을 시킨 것은 틀림없이 임금님의 신하 요압입니다. 이 계집이 드린 말씀은 모두 요압이 일러준 그대로입니다. 요압은 그 일을 이렇게 빗대어 말하게 한 것입니다. 과연 임금님의 지혜는 하느님의 천사 같아서 모르시는 일이 없으십니다.

(왕은 요압을 불러 말하였다.)

왕 좋소, 그대 뜻대로 하리다. 어서 그 애 압살롬을 데려 오시오.

요압 (땅에 엎드려 절하며,) 소신의 청을 이처럼 들어주시니 성은이 망극합니다. (하고 고마워하였다.)

(요압은 가서 압살롬을 예루살렘으로 데려 왔다. 그러나 "압살롬을 제 궁으로 데려가

거기에서 살게 하고 내 눈앞에 얼씬거리지 못하게 하라"는 어명이 있으므로, 압살롬은 자기 궁으로 물러가 살면서 어전에는 얼씬도 하지 못하였다.)

연기노트

콧물, 눈물, 핏물, 땀방울, 침 튀기는, 개거품을 무는 연기, 혼신의 힘을 다하는 연기. 상대방의 혼을 쏙 빼는 연기… 이런 연기를 하기 위해서는 연습할 때 몰입해야 합니다.

몰입은 반복연습으로만 만들어집니다.

Text 29 솔로몬의 재판

너무나 유명한 솔로몬의 재판 장면입니다.

소리 내어, 몸을 움직이며 연기 연습을 해야 합니다.

등장인물

솔로몬(히브리어: הֹמֹלְש 쉴로모) 이스라엘 왕국의 제3대 왕으로, 기원전 971년부터 기원전 931년까지 이스라엘 왕국을 다스린 왕이다. 이스라엘 왕국의 전성기를 이끌었다. 다윗 왕의 아들로 이집트 왕녀와 결혼하여 동맹을 맺고, 국내 건설과 국경 방위에 힘썼다. 예루살렘 신전을 비롯한 장대한 도시를 건설하는 한편, 외국과의 통상을 맺어 이스라엘 전성기를 이루어 '솔로몬의 영화'라고 칭송되었다. 그러나 국민들에 대한 과중한 세금과 사치스러운 생활로 이스라엘 왕국 분열의 원인을 가져왔다. 그는 지혜가 뛰어났으며, 문학에도 뛰어나 이스라엘 문학의 시조라 일컬어진다. 많은 작품 중 〈잠언〉이 남아 있다. 말년에는 야훼 대신 이방종교의 신들을 숭배하였다.

솔로몬은 다윗 왕(영어: David, 히브리어: דָּוִד, 아랍어: دواد)이 우리아 장군의 아내 밧세바(Bathsheba)를 취하여 예루살렘에서 낳은 두 번째 아들로서 밧세바에게서 태어난 네 아들 중 하나이다(대상 3:5). 첫 번째 아들은 예언자 나단이 하느님의 계시에 의해 예언한 대로 일주일 만에 병으로 죽었다. 다윗 왕의 죽음이 가까워오는 것을 아는 밧세바는 왕실에서 가장 영향력 있는 나단 예언자에게 "솔로몬이 왕이 되어야 한다"고 주장하였다. 결국 솔로몬은 어머니 밧세바와 나단 예언자, 사제 차독(사독), 브나야 등 지지 세력과 함께 이스라엘의 왕에 오른다. 모반을 꾀하던 이복형제인 아도니야와 그를 지지하던 요압, 에브야타르(아비아달), 시므이 등의 반대파는 숙청을 당한다. 아비아달은 숙청되지 않고 유배당한다.

창녀 1, 2

주어진 상황과 목표

솔로몬은 이스라엘의 왕으로 즉위하자 하느님께 일천 번제 예배를 드리고, 하느님으로부터 지혜를 선물로 받았다. 어느 날 창녀 2명이 갓 태어난 아기의 소유권을 주장하며 송사를 걸어 솔로몬에게 판결을 내려 달라고 한다. 참으로 난감한 재판이다. 오늘날처럼 유전자 검사가 있었다면 쉽게 판결을 내릴 수 있겠지만, 그 옛날에 무슨 수로 친자 감별을 한단 말인가? 목숨(생명)을 건 솔로몬의 판결. 이 장면은 가장 연극적이다.
거짓은 진실을 이길 수 없으며, 진실 된 마음은 행동으로 나타난다. 행동이 그 인물의 성격을 나타내 준다. 행동(몸짓, 소리짓)이 연기예술이기 때문이다.

성경 말씀: 열왕기상 3장 16-28

(그런데 창녀 둘이 왕에게 나와 섰다. 그 가운데 한 여자가 말을 꺼냈다.)

여자 1 임금님, 이 여자와 저는 한 집에 살고 있습니다. 제가 아이를 낳을 때에 이 여자도 집에 있었습니다.
그런데 제가 해산한 지 사흘째 되던 날 이 여자도 아이를 낳았습니다.

집에는 우리 둘만 있었습니다.

그런데 그날 밤, 이 여자는 자기의 아들을 깔아뭉개어 죽였습니다.

그리고 나서 이 여자는 한밤중에 일어나 이 계집종이 잠자는 사이에 제 곁에 있던 제 아들을 가져가 버렸습니다. 제 아들을 가져다 자기 품에 두고 죽은 자기 아들을 제 품에 놓고 간 것입니다.

제가 아침에 일어나 젖을 먹이려다 보니 아이는 죽어 있었습니다.

날이 밝아서야 그 아이가 제 몸에서 낳은 아이가 아닌 것을 알았습니다.

여자 2 (그러자 다른 여자가) 무슨 말을 하느냐? 산 아이는 내 아이이고 죽은 아이가 네 아이야. (하고 우겼다.)

여자 1 (첫 번째 여자도) 천만에! 죽은 아이가 네 아이이고 산 아이는 내 아이야. (하고 우겼다. 그렇게 그들은 왕 앞에서 말싸움을 벌였다.)

왕 (그때 왕이 입을 열었다.) 한 사람은 "산 이 아이가 내 아들이고 네 아들은 죽었다" 하고 또 한 사람은 "아니다. 네 아들은 죽었고 내 아들이 산 아이다"라고 하는구나.

(그러면서 왕은 칼 하나를 가져오라고 하였다. 신하들이 왕 앞으로 칼을 내오자 왕은 명령을 내렸다.)

왕 그 산 아이를 둘로 나누어 반쪽은 이 여자에게 또 반쪽은 저 여자에게 주어라.

(그러자 산 아이의 어머니는 제 자식을 생각하여 가슴이 메어지는 듯하여 왕에게 아뢰었다.)

여자 1 임금님, 산 아이를 저 여자에게 주시고 아이를 죽이지만은 마십시오.

(그러나 다른 여자는)

여자 2 어차피 내 아이도 네 아이도 아니니 나누어 갖자. (고 하였다.)

(그러자 왕의 분부가 떨어졌다.)

왕 산 아이를 죽이지 말고 처음 여자에게 내주어라. 그가 참 어머니다.

(온 이스라엘이 왕의 이 판결 소식을 들었다. 그리고 왕에게 하느님의 슬기가 있어 정의를 베푼다는 것을 알고는 모두들 왕을 두려워하게 되었다.)

연기노트

솔로몬의 지혜는 어디서부터 시작되었을까요? 경청(잘 듣는 것), 관찰(정확히 보는 것)에서부터 시작됩니다.

창녀 1, 2의 표정, 몸가짐, 태도, 떨리는 그들의 목소리. 그리고 그 안에서 움직이는 심리(마음)를 읽어내는 것이 지혜입니다. 솔로몬은 가장 훌륭한 배우의 자질을 가진 왕이었습니다.

Text 30. 야훼와 사탄

등장인물

욥 하느님이 인정한 동방의 의인. 정경의 3번째 부분인 '케투빔'에 실렸으며 중심인물의 이름을 따서 '욥기'라고 했다. BC 6~5세기에 씌어졌다. 대화 부분은 매우 시적인데 3명이 돌아가며 연설한 후 욥은 세 친구와 차례로 논쟁하고 하느님과 대화한다. 모든 대화 내용은 욥이 당하는 고통의 이유와 욥이 그 고통에 어떻게 대처하는가를 다루고 있다.

논쟁에서 욥은 자신의 결백과 자신이 당하는 고통의 부당성을 주장하는 반면, 친구들은 욥이 죄가 있으므로 고통을 당한다고 말한다. 극적인 긴장은 욥과 하느님의 대화로 풀리지만 이유 없이 고통을 당하는 이유는 풀리지 않는다. 욥은 하느님의 말씀을 듣고서, 하느님이 인간을 대하는 방법은 불가사의하지만 세상만사에 대해서 목적을 가지고 행동한다는 사실을 알게 된다. 〈욥기〉는 지혜문학 범주에 속한다.

주어진 상황과 목표

말씀 안에 잘 설명되어 있습니다.

성경 말씀: 욥기 1장 6–12, 2장 2–10

(우스라는 곳에 한 사람이 있었는데 그의 이름은 욥이었다. 그는 완전하고 진실하며 하느님을 두려워하고 악한 일은 거들떠 보지도 않는 사람이었다.

그의 슬하에는 아들 일곱과 딸 셋이 있었다.

그에게는 양이 칠천 마리, 낙타가 삼천 마리, 겨릿소가 오백 쌍, 암나귀가 오백 마리나 있었고 종들도 매우 많았다. 그는 동방에서 으뜸가는 사람이었다.

그의 아들들은 번갈아 가며 자기 집에서 잔치를 차리고 세 누이도 불러다가 함께 먹고 마셨다.

이런 잔치가 한 차례 돌아가고 나면 욥은 그들을 불러다가 몸과 마음을 깨끗이 하게 하고 아침 일찍이 그들 하나하나의 몫으로 번제를 드렸다. 아들들이 속으로 죄를 짓고 하느님께 욕을 돌렸을지도 모를 일이었으므로 그렇게 했던 것이다. 욥이 하는 일은 언제나 이러하였다.

하루는 하늘의 영들(그리스 번역에는 '하느님의 천사들')이 야훼 앞에 모여 왔다. 사탄이 그들 가운데 끼어 있는 것을 보시고)

야훼 (사탄에게 물으셨다.) 너는 어디 갔다 오느냐?

사탄 (대답하였다.) 땅 위를 이리저리 돌아다니다가 왔습니다.

야훼 (사탄에게) 그래, 너는 내 종 욥을 눈여겨보았느냐?

그만큼 온전하고 진실하며 하느님을 두려워하고 악한 일은 거들떠보지도 않는 사람은 땅 위에 다시 없다. (하고 말씀하시자,)

사탄 (야훼께 아뢰었다.) 욥이 어찌 까닭 없이 하느님을 두려워하겠습니까? 당신께서 친히 그와 그의 집과 그의 소유를 울타리로 감싸 주시지 않으셨습니까? 그가 손으로 하는 모든 일을 축복해 주셨고 그의 가축을 땅 위에 번성하게 해 주시지 않으셨습니까?
이제 손을 들어 그의 모든 소유를 쳐 보십시오.
그는 반드시 당신께 면전에서 욕을 할 것입니다.

야훼 (사탄에게 이르셨다.) 좋다! 이제 내가 그의 소유를 모두 네 손에 붙인다. 그러나 그의 몸에만은 손을 대지 말아라.
(이에 사탄은 야훼 앞에서 물러나왔다.)

(또다시 하늘의 영들이 야훼 앞에 모이는 날이 왔다. 사탄이 그들 가운데 끼어 있는 것을 보시고 야훼께서 사탄에게 물으셨다.)

야훼 너는 어디 갔다 오느냐?

사탄 (대답하였다.) 땅 위를 이리저리 돌아다니다가 왔습니다.

야훼 (사탄에게.) 너는 내 종 욥을 눈여겨보았느냐? 그만큼 온전하고 진실하며 하느님을 두려워하고 악한 일은 거들떠보지도 않는 사람은 땅 위에 다시 없다. 그는 여전하지 않느냐?
네가 나를 충동하여 그를 없애려고 했지만 다 헛일이었다.

사탄 (그러자 사탄이 대답하여 아뢰었다.) 가죽으로 가죽을 바꿉니다. 사람이란 제 목숨 하나 건지기 위해 내놓지 못할 것이 없는 법입니다.

이제 손을 들어 그의 뼈와 살을 쳐 보십시오. 제가 보장합니다. 그는 반드시 당신께 면전에서 욕을 할 것입니다.

야훼 (사탄에게 이르셨다.) 좋다! 이제 내가 그를 네 손에 붙인다. 그러나 그의 목숨만은 건드리지 말아라.

(사탄은 야훼 앞에서 물러나오는 길로 곧 욥을 쳐 발바닥에서 정수리까지 심한 부스럼이 나게 하였다. 욥은 잿더미에 앉아서 토기조각으로 몸을 긁었다.

그의 아내가 그에게 말하였다.)

아내 (욥에게) 당신은 아직도 요지부동이군요? 하느님을 욕하고 죽으시오.

욥 (그러나 욥은 이렇게 대답하였다.) 당신조차 미련한 여인처럼 말하다니! 우리가 하느님에게서 좋은 것을 받았는데 나쁜 것이라고 하여 어찌 거절할 수 있단 말이오?

(이렇게 욥은 이 모든 일을 당하여 입술로 죄를 짓지 않았다.)

연기노트

야훼 하느님과 사탄의 대화는 인간으로서는 정말로 이해하기 어려운 부분입니다. 그러나 성경 말씀 속에 하느님이 어떤 분이시고, 사탄은 어떤 존재인지 알 수 있습니다. 말씀을 천천히 음미해서 소리 내어 연기해 봅니다.

Text 31. 욥과 3명의 친구와의 대화

이 연기 연습 장면은 본 책에서 가장 긴 장문의 내용입니다. 두 사람의 연기자가 서로 교독하여도 1시간 이상의 분량입니다. 특히 욥기는 시가 형식으로 이루어진 독특한 문체를 가지고 있습니다. (마치 세익스피어의 운문체 대사와 같습니다)

영탄체 문장이 주를 이루고 있으며, 감탄문과 명령문, 비교급 문장이 문학적 완성도를 높이어 주는 아름다운 대사로 이루어져 있습니다.

본 Text에서는 성경 말씀 장과 절을 원본대로 옮겨왔습니다. 말씀을 읽으며 내가 만약 욥의 처지라면 이런 말을 친구에게 할 수 있을까, 내가 만약 욥의 친구라면 욥에게 저런 말을 해 줄 수 있을까 깊이 생각해 보면서 소리 내 읽고 그 속에 담긴 의미(마음)가 어떤 행동(연기)으로 표현될지 연습해 봅니다.

한 호흡(들숨, 날숨)으로 말씀 한 절(한 문장)을 쭉 말하세요. 한 문장이 너무 길면 중간에 도둑숨을 쉬세요. 한 절(한 문장)을 말하고 반드시 호흡하고, 다음 문장으로 연결하세요. 명문장, 명대사를 소리 내어 읽는 것만으로도 배우의 연기력은 향상될 것입니다.

성경 · 욥기서는 총42장으로 구성되어 있으나. 본 책에서는 3장부터 14장까지만, 그리고 마지막 42장을 수록하였습니다. 15장부터는 성경을 찾아 읽으시면 되겠습니다.

등장인물

욥

세 명의 친구　데만 사람 엘리바즈와 수아 사람 빌닷과 나아마 사람 소바르.

주어진 상황과 목표

사탄의 사악한 행위로 하루아침에 쫄딱 망해버리고, 몹쓸 병까지 걸린 욥에게 친구 3명이 찾아온다. 욥과 세 친구가 차례로 벌이는 논쟁에서 욥은 자신의 결백과 자기가 당하는 고통의 부당성을 주장하는 반면, 친구들은 욥이 죄가 있기 때문에 이런 고통을 당한다고 주장한다. 자신의 신실 성과 의로움을 확신하는 욥은 이러한 설명에 만족하지 않는다. 이러한 극적인 긴장은 욥과 하느님의 대화로 풀리지만, 까닭 없이 고통을 당하는 문제는 풀리지 않는다. 욥은 하느님의 말씀을 듣고서, 하느님이 인간을 대하는 방법은 불가사의하고 알 수 없지만 세상만사에 대해서 목적을 가지고 행동한다는 사실을 알게 된다.

성경 말씀: 욥기 3–14장, 42장

(욥이 이 같은 재난을 겪고 있다는 소식을 듣고 그의 세 친구가 각기 제 고장을 떠나 그를 찾아왔다. 그들은 데만 사람 엘리바즈와 수아 사람 빌닷과 나아마 사람 소바르였다. 그들은 함께 문병 와서 그를 위로해 주기로 서로 약속이 되어 있었다. 멀리서 바라보니, 그의 몰골이 알아볼 수 없게 되었으므로 그들은 목을 놓아 울며 겉옷을 찢고 하늘에 먼지를 날려 머리에 뒤집어썼다. 그들은 이레 동안 주야로 땅에 앉아 그를 바라다볼 뿐 입을 열 수조차 없었다. 그의 고통당하는 모습이 너무나 처참했기 때문이었다.)

제3장. 자기의 생일을 저주하는 욥

1. 마침내 욥이 먼저 입을 열어 자기의 생일을 저주하며
2. 부르짖었다.
3. 내가 태어난 날이여, 차라리 사라져버려라. 사내아이를 배었다고 하던 그 밤도 사라져버려라.
4. 그 날이여, 어둠에 뒤덮여 위에서 하느님이 찾지도 않고 아예 동트지도 마라.
5. 칠흑 같은 어둠이 그 날을 차지하여 구름으로 덮고 해는 그 빛을 잃게 하여 그 날을 공포 속에 몰아넣어라.
6. 그 밤은 흑암에 빠져 한 해의 나날에 끼이지도 말고 다달의 계수에도 들지 마라.
7. 아, 아무도 잉태할 수 없어 환성을 잃은 밤이 되어라.
8. 날을 저주하는 자들아, 레비아단을 깨울 수 있는 자들아, 그 밤을 저주하여라.
9. 그 밤엔 새벽 별들도 빛을 잃고 기다리는 빛도 나타나지 말고 새벽 햇살도 아예 퍼지지 마라.
10. 나의 모태가 그 문을 닫지 않아 내 눈이 마침내 고난을 보게 되었구나.
11. 내가 어찌하여 모태에서 죽지 아니하였으며 나오면서 숨지지 아니하였는가?
12. 어찌하여 나를 받을 무릎이 있었고 어찌하여 내가 빨 젖이 있었던가?
13. 나 지금 누워서 안식을 누릴 터인데. 잠들어 쉬고 있을 터인데.
14. 저 허물어진 성터에 궁궐을 세웠던 지상의 왕들과 고관들과 나란히!
15. 황금을 자랑하고 은으로 집을 채웠던 성주들과 나란히!
16. 나는 어찌하여 낙태되어 묻힌 핏덩이가 되지 못하였는가? 빛도 보지 못한 벌거숭이가 되지 못하였는가?
17. 그곳은 악당들이 설치지 못하고 삶에 지친 자들도 쉴 수 있는 곳,

18. 포로들도 함께 안식을 누릴 수 있고 노예를 부리는 자들의 욕설도 들리지 않는 곳,
19. 낮은 자와 높은 자의 구별이 없고 종들이 주인의 손아귀에서 풀려나는 곳.
20. 그런데 어찌하여 고달픈 자에게 빛을 주시고 괴로운 자에게 생명을 주시는가?
21. 죽고 싶지만 죽을 수조차 없어 보물을 찾듯 파헤치다가
22. 묘지의 돌만 보여도 반갑고 무덤이라도 만나면 기뻐 소리친다!
23. 빠져 나갈 길은 앞뒤로 막히고 하느님께 영락없이 갇힌 몸,
24. 나 이제 한숨이나 삼키고 흐느낌이나 마시리니
25. 두려워하여 떨던 것이 들이닥쳤고 무서워하던 것이 마침내 오고야 말았다.
26. 평화, 평안, 안식은 간 곳이 없고 두려움만이 끝없이 밀려오는구나.

제4장. 엘리바즈의 첫 번째 충고

1. 데만 사람 엘리바즈가 말을 받았다.
2. 누가 자네에게 말을 건네려 한다면, 자네는 귀찮게 여기겠지. 그렇다고 입을 다물고만 있을 수도 없는 일일세.
3. 여보게, 자네는 많은 사람을 지도하였고 손에 맥이 풀린 사람에게 용기를 주었었네.
4. 자네의 말은 쓰러지는 사람을 일으켰고 흔들리는 무릎에 힘을 주었었지.
5. 그런데 자네가 이 지경을 당하자 기가 꺾이고 매를 좀 맞았다고 이렇듯 허둥대다니, 될 말인가?
6. 자신만만하던 자네의 경건은 어찌 되었고 자네의 희망이던 그 흠없는 생활은 어찌 되었는가?

7. 곰곰이 생각해 보게. 죄없이 망한 이가 어디 있으며 마음을 바로 쓰고 비명에 죽은 이가 어디 있는가?
8. 내가 보니, 땅을 갈아 악을 심고 불행의 씨를 뿌리는 자는 모두 그 심은 대로 거두더군.
9. 하느님의 입김에 모두들 사라져가고 그의 콧김에 날려 없어졌네.
10. 사자의 비명, 맹수의 울부짖음, 젊은 사자는 이빨이 부러지고
11. 먹이를 찾던 수사자가 기진하니 어미를 따르던 새끼 사자들은 흩어졌네.
12. 그런데 은은히 들려오는 한 소리 있어 가늘게 나의 귓전을 울렸네.
13. 사람들은 깊은 잠에 빠져 밤의 환상으로 가슴을 설렐 때,
14. 몸서리치는 두려움이 나를 덮쳐 뼈마디가 온통 떨리고 있는데
15. 그의 입김이 나의 얼굴을 스치자 온몸에 소름이 끼쳤네.
16. 나의 눈앞에 누가 우뚝 서는데 그의 모습은 알아볼 수 없고 만물이 죽은 듯이 고요한 가운데 나, 한 소리를 들었다네.
17. "죽을 인생이 어떻게 하느님 앞에서 올바를 수 있으랴? 그 누가 자기를 지으신 이 앞에서 깨끗할 수 있으랴?
18. 그의 종들 가운데도 믿을 만한 자 없고 그의 심복들 가운데도 허물없는 자 없는데
19. 하물며 땅 위에 터를 잡은 토담에 사는 사람들이랴! 하루살이처럼 쉽게 사라지니
20. 하루도 넘기지 못하고 티끌이 되어 기억에서 영원히 사라지리라.
21. 그 천막들의 줄을 거두면 모두들 하릴없이 죽어가리라."

제5장

1. 자, 부르짖어 보게, 그 누가 대답하는가? 하늘에 있는 거룩한 이들 가운데 누구에게 자네는 자네의 얼굴을 돌리려는가?
2. 어리석은 자는 투덜거리다가 망하고 철없는 자는 화를 내다가 죽는다네.
3. 나도 어리석은 자가 뿌리를 뻗어가는 것을 보기는 했네만 그의 집은 삽시간에 망하고 말았네.
4. 그의 아들들이 도움받을 곳이 없어 성문에서 몰매를 맞아도 살려줄 사람조차 없었네.
5. 그들이 거둔 것은 굶주린 자가 먹어 치우고 하느님께서 그들의 이빨에서 빼앗아 내시니 목마른 자들이 그의 재산을 삼켜버렸네.
6. 땅에서 불행이 솟아나는 일 없고 흙에서 재앙이 돋아나는 일도 없으니
7. 재난은 사람이 스스로 빚어내는 것, 불이 불티를 높이 날리는 것과 같다네.
8. 내가 만일 자네라면 나는 하느님을 찾겠네. 그리고 모든 것을 하느님께 맡기겠네.
9. 측량할 수 없이 큰일을 하시고 헤아릴 수 없이 놀라운 일을 하시는 이,
10. 땅에 비를 내리시고 들에 물을 쏟으시는 이,
11. 낮은 자를 높이시고 억눌린 자에게 해방의 기쁨을 주시는 이,
12. 교활한 자의 꾀를 부수시고 아무것도 이루지 못하게 하시는 이,
13. 그가 슬기롭다는 자들을 그들의 계교로 잡아 그 간교한 꾀를 깨뜨리시면
14. 그들은 대낮에도 어둠에 싸여 한낮을 밤중인 양 더듬거린다네.
15. 그가 그들의 입에서 고아를 빼내시고 그 손아귀에서 가난한 자를 건져주시니,
16. 천대받는 자가 다시 희망하게 되고 불의한 자는 스스로 입을 막지 않을 수 없네.

17. 여보게, 하느님께 매를 맞는 일이야 즐거운 일 아닌가! 그러니 전능하신 분의 교훈을 물리치지 말게.

18. 찌르고 나서 싸매 주시며 때리고 나서 낫게 해주시는 이,

19. 그가 여섯 가지 곤경에서 자네를 건져주시리니 일곱 가지 일에서도 재난이 자네를 건드리지 못할 것일세.

20. 흉년이 들어도 죽음에서 건져주시고 싸움이 벌어져도 칼끝에서 건져주실 것일세.

21. 쏟아지는 저주도 막아주시리니 달려드는 귀신도 무섭지 않겠지.

22. 약탈과 기근을 웃어 넘길 수 있으며 들짐승도 두렵지 않을 것일세.

23. 자네는 들귀신들과 휴전하고 야수들과 평화를 누리겠지.

24. 자네의 장막에는 다시 평화가 깃들이고 목장을 찾을 때 아무것도 잘못되지 않았음을 알게 될 것일세.

25. 자녀들이 마구 불어나 후손들이 푸성귀처럼 번지는 것을 보게 되겠고

26. 자네는 무덤에 이르도록 건장하리니 곡식이 영글어 타작 마당에 이름과 같을 것일세.

27. 여보게, 바로 이것이 우리가 찾아낸 것 아닌가! 아무렴, 그러니 자네도 이 말을 귀담아 들어두고 아무쪼록 마음에 새겨두게나.

6장. 욥의 첫 번째 대답

1. 욥이 말을 받았다.

2. 아, 이 원통한 심정을 저울질하고 이 재앙도 함께 달아보았으면.

3. 바닷가 모래보다도 무거우리니 나의 말이 거칠다면, 그 때문이리라.

4. 전능하신 분의 화살이 몸에 박혀 나의 영혼은 그 독을 마시고 있는데 하느님

의 두려움이 나를 휘몰아치는구나.

5. 뜯을 풀이 있는데 나귀가 울겠는가? 꼴이 있는데 소가 울겠는가?

6. 소금을 치지 않고 싱거운 것을 먹겠는가? 멀건 흰죽에 무슨 맛이 있겠는가?

7. 그런 것은 입맛에 당기지도 않는 것, 몸이 아플 때에나 먹는 것일세.

8. 오, 나 청을 올릴 수 있어 하느님께서 나의 그 소원을 이루어주신다면,

9. 그리하여 나를 산산이 부수시고 손을 들어 나를 죽여주신다면,

10. 차라리 그것으로 나는 위로를 받고 견딜 수 없이 괴롭지만, 오히려 기뻐 뛰리라. 거룩하신 하느님의 말씀을 나 아직 어긴 일이 없네.

11. 나에게 무슨 힘이 있어 더 견디며 무슨 좋은 수가 있겠다고 더 살겠는가.

12. 나의 힘이 바위란 말인가? 나의 살이 놋쇠란 말인가?

13. 나 이제 아무 의지도 없어 살아날 길이 아득하다네.

14. 벗과 함께 괴로워하지 아니하는 자, 전능하신 분을 두려워하지 아니하는 자,

15. 나의 형제라는 자들도 변덕이 심하기가 물이 넘쳐흐르던 사막의 개울 바닥 같네.

16. 얼음이 녹아 흐르면 흙탕물이 되고 눈이 녹아 내리면 넘실거리다가도

17. 더워지면 곧 마르고 뜨거워지자 자취 없이 사라지고 마네.

18. 상인의 무리가 길을 버리고 물을 찾아 광야로 나섰다가는 흔적도 없어져

19. 데마의 상인들이 찾아 헤매고 세바에서 온 길손들이 애를 태우지만

20. 바라고 갔던 일이 어긋나 찾아간 것이 도리어 어이없듯이,

21. 자네들도 나에게 그런 꼴이 되었네. 나의 무서운 몰골을 보니 소름이라도 끼치는가?

22. 내가 지금 떼라도 쓰고 있는 것인가? "선물이라도 달라." 하였으며 "주머니를 털어 뇌물이라도 써달라." 하였는가?

23. "원수의 손에서 건져달라. 짓누르는 자들의 손에서 빼내달라." 하였는가?

24. 좀 가르쳐주게. 내가 무슨 실수라도 했다면 깨우쳐주게. 나 입을 다물겠네.
25. 진심으로 하는 말은 힘이 된다는데 자네들은 어찌하여 나무라기만 하는가?
26. 남의 말꼬투리나 잡으려 하는가? 절망에 빠진 자의 말은 바람에 불려가는 소리,
27. 자네들은 고아를 놓고 제비라도 뽑겠군. 친구를 장삿속으로 팔기라도 하겠군.
28. 제발 이리로 얼굴을 돌려주게. 자네들의 얼굴을 쳐다보며 속이기야 하겠는가!
29. 돌아와 주게. 너무 억울하게 대하지 말게나. 어서들 돌아와 주게. 나에게는 아무 잘못도 없다네.
30. 내 혀에 거짓이라도 묻어 있다는 말인가? 내 입은 이미 쓴 맛도 모르게 되었다는 말인가?

제7장

1. 인생은 땅 위에서 고역이요 그의 생애는 품꾼의 나날 같지 않은가?
2. 해 지기를 기다리는 종과도 같고 삯을 기다리는 품꾼과도 같지 않은가?
3. 달마다 돌아오는 것은 허무한 것일 뿐, 고통스런 밤만이 꼬리를 문다네.
4. 누우면 "언제나 이 밤이 새려나." 하고 기다리지만 새벽은 영원히 올 것 같지 않아 밤이 새도록 뒤척거리기만 하는데,
5. 나의 몸은 구더기와 때로 뒤덮이고 나의 살갗은 굳어졌다가 터지곤 하네.
6. 나의 나날은 베틀의 북보다 빠르게 덧없이 사라져가고 만다네.

욥의 기도

7. 잊지 마십시오. 이 목숨은 한낱 입김일 뿐입니다. 이 눈이 어찌 다시 좋은

일을 보겠습니까?

8. 나는 이미 누구의 눈에도 보이지 않게 되어 당신의 눈이 나를 찾으신다 하여도 이미 자취도 없을 것입니다.

9. 구름이 사라져 없어지듯 지하로 내려가는 자, 어찌 다시 올라오겠습니까?

10. 자기 집에 다시 돌아올 수도 없고 그가 살던 곳 역시 그를 알아보지 못할 것입니다.

11. 그런데 나 어찌 입을 다물고만 있겠습니까? 가슴이 메어 하소연하고 마음이 아파 울부짖지 않을 수 없사옵니다.

12. 내가 바다입니까? 바다의 괴물입니까? 어찌하여 파수꾼을 세워 이 몸을 지키십니까?

13. 침상에라도 누우면 편안하고 잠자리에라도 들면 고통을 잊을까 했더니

14. 어찌하여 무서운 꿈과 몸서리쳐지는 환상으로 나의 단잠을 깨우십니까?

15. 견딜 수 없는 이 고통을 당하느니 차라리 숨통이라도 막혔으면 좋겠습니다.

16. 언제까지나 살 것도 아닌데 제발 좀 내버려두십시오. 나의 나날은 한낱 입김일 따름입니다.

17. 사람이 무엇인데, 당신께서는 그를 대단히 여기십니까? 어찌하여 그에게 신경을 쓰십니까?

18. 어찌하여 아침마다 그를 찾으시고 잠시도 쉬지 않고 그에게 시련을 주십니까?

19. 끝내 나에게서 눈을 떼시지 않으시렵니까? 침 삼킬 동안도 버려두시지 않으시렵니까?

20. 사람을 감시하시는 이여, 내가 죄를 지었다고 해서 당신께 무슨 큰 손해라도 된단 말씀입니까? 어찌하여 나를 당신의 과녁으로 삼으십니까? 어찌하여 내가 당신께 짐이 된단 말씀입니까?

21. 어찌하여 나의 죄를 용서하시지 않으십니까? 죄악을 벗겨주시지 않으십니

까? 나 이제 티끌 위에 누우면 당신께서 아무리 찾으신다 하여도 이미 없어졌을 것입니다.

제8장. 빌닷의 첫 번째 충고

1. 수아 사람 빌닷이 말을 받았다.
2. 언제까지 그런 투로 말하려는가? 자네 입에서 나오는 말은 마치 바람 같네그려.
3. 하느님께서 바른 것을 틀렸다고 하시겠는가? 전능하신 분께서 옳은 것을 글렀다고 하시겠는가?
4. 자네 아들들이 그분께 죄를 지었으므로 그분께서 그 죗값을 물으신 것이 분명하네.
5. 그러니 이제라도 자네는 하느님을 찾고 전능하신 분께 은총을 빌게나.
6. 자네만 흠이 없고 진실하다면 이제라도 하느님께서는 일어나시어 자네가 떳떳하게 살 곳을 돌려주실 것일세.
7. 처음에는 보잘것없겠지만 나중에는 훌륭하게 될 것일세.
8. 옛 어른들에게 물어보게나. 선조들이 찾았던 길을 깨쳐보게나.
9. 태어난 지 하루도 되지 않은 우리가 안다면 무엇을 알겠는가? 땅 위에 사는 우리의 수명은 그림자와도 같은 것,
10. 그들이 가르치고 일러준 말을 배우고 깊이 생각하여 한 말들을 되새겨보게.
11. "왕골이 수렁 아닌 곳에서 자라나느냐? 갈대가 물 없는 곳에서 자라나느냐?
12. 돋아난 지 얼마 되지 않아, 아직 벨 때도 아닌데 그것들은 다른 풀보다도 쉽게 말라버린다.
13. 하느님을 잊은 자의 말로도 이와 같으니 하느님 두려운 줄 모르는 자의 희

망은 부서지리라.

14. 그의 신념은 실오라기에 지나지 아니하고 그의 확신은 거미줄에 지나지 아니하는 것,
15. 기대어 선 제 집마저 쓰러지니 붙들어 보아야 넘어가고 말리라."
16. 햇빛 아래 서 있는 싱싱한 풀포기, 이 동산 저 동산에서 싹을 틔우고
17. 돌무더기 틈으로 뿌리를 뻗어 돌과 돌 사이에서 자라다가도
18. 거두어버리면 이내 시들어, 저 섰던 자리마저 외면하고 "나 너를 본 적이 없다." 하고 모르는 체한다네.
19. 결국 길가에서 썩어버리고 그 땅에는 다른 싹이 돋아나겠지.
20. 하느님은 허물없는 자를 물리치시지 아니하시고 악한 자의 손을 잡으시지도 아니하신다네.
21. 자네 입에 다시 웃음을 채우시면, 입술은 즐거워 소리치게 되겠지.
22. 자네를 미워하던 자가 도리어 망신을 당하고 악한 자의 장막은 간 곳 없게 될 것일세.

제9장. 욥의 두 번째 답변: 하느님 앞에서 느끼는 인간의 죄책

1. 욥이 다시 말을 받았다.
2. 물론 그렇지, 나도 그런 줄은 알고 있네. 하느님 앞에서 죄없다고 할 사람이 어디에 있겠는가?
3. 그와 맞서볼 생각이 있다 하여도 천 마디 물음에 한마디도 대답할 수 없겠지.
4. 하느님은 생각이 깊으시고 힘이 강하신데 그 누가 그와 겨루어 무사하겠는가?
5. 멧부리들을 아무도 모르게 밀어내시고 홧김에 산을 뒤엎으시는 이,
6. 기둥들이 마구 흔들리도록 땅을 그 바닥째 흔드시는 이,

7. 해를 보고 솟아나지 말라 명령하시고 별들을 봉해 버리시는 이,
8. 홀로 하늘을 펼치시고 바다의 물결을 밟으시는 이,
9. 북두칠성과 삼성을 만드시고 묘성과 남방의 밀실을 만드신 이,
10. 측량할 수 없이 크신 일을 하시고 헤아릴 수 없이 놀라운 일을 하시는 이,
11. 그가 내 앞을 스쳐 가시건만 보이지 않고 지나가시건만 알아볼 수가 없네.
12. 그가 빼앗으시는데 누가 빼앗기지 않을 수 있으며 "왜 이러시느냐?" 하고 항거할 수 있겠는가?
13. 하느님이 진노를 풀지 아니하시면 2) 라합의 부하들도 그에게 굴복하는데
14. 나 어찌 한마디인들 대답할 수 있으며 그와 맞서서 과연 무엇을 말하겠는가?
15. 죄가 없다 하여도 대답할 말이 없어 다만 흑백을 가릴 분에게 은총을 빌 뿐인데
16. 내가 불러도 대답조차 아니하시니 나의 부르짖음을 들으신다고 믿을 수도 없네.
17. 그는 한 오라기 머리카락 같은 일로 나를 짓밟으시고 까닭 없이 나를 해치시고 또 해치신다네.
18. 숨 돌릴 틈도 주시지 않고 나의 입에 쓴 맛만 채워주신다네.
19. 힘으로 해보려 하나 그는 장사요, 법으로 해보려 하나 누가 그를 불러내겠는가?
20. 나 비록 죄가 없다고 하여도 그는 나에게 죄가 있다고 하시겠고, 나 비록 흠이 없다고 하여도 그는 나의 마음 바탕이 틀렸다고 하실 것일세.
21. 나 비록 흠이 없다고 하지만 무엇이 무엇인지 모르겠네. 살아 있다는 것이 구역질 날 뿐.
22. 내가 할 수 있는 말은 이 한마디, "그는 의인을 악인과 함께 묻어버리신다네."
23. 그의 채찍에 맞아 어이없이 숨져가는데 죄없이 절망에 빠진 자를 그가 비웃

으시네.

24. 땅을 악인의 손에 넘기셨으니 재판관의 눈을 가리신 이가 그분 아니고 누구시겠는가!

욥의 원망

25. 나의 생명이 경주자보다도 빨리 지나가는데 무슨 좋은 일을 볼 수 있겠습니까?
26. 미끄러져 가는 갈대배처럼, 먹이를 덮치는 독수리처럼 빠르옵니다.
27. 온갖 슬픔을 잊고 낯빛을 고쳐 웃음을 지어보리라고 마음먹어도
28. 몰려오는 괴로움에 오히려 움츠러들기만 합니다. 당신께서 결코 나를 죄없다고 하시지는 않으시겠지요.
29. 어차피 죄인 취급을 받을 바에야 어찌 공연히 이 어려움을 겪어야 한단 말씀입니까?
30. 눈으로 몸을 닦고 잿물로 손을 씻어도
31. 주께서 나를 다시 시궁창에 처넣으시니 나의 옷마저 내 모양을 외면합니다.

욥이 중재자를 요청함

32. 그는 나와 같은 사람이 아니신데 나 어찌 그에게 말대답을 할 수 있으며 함께 재판정에 나가자고 주장할 수 있겠는가!
33. 그러나 우리 사이를 중재해 줄 이가 있어 그가 우리의 어깨에 손이라도 얹어준다면,
34. 나를 치시는 그 몽치를 빼앗아 다시는 두려워하지 않게 해준다면,

35. 나 아무 두려움 없이 말할 수도 있겠는데 그러나 어떻게 그런 일이 나에게 있겠는가!

제10장

1. 숨쉬는 일이 이다지도 괴로워서 나의 슬픔을 하느님께 아뢰고 아픈 마음을 쏟아놓지 않을 수 없구나.

욥의 기도

2. 나 이제 하느님께 아뢰니다. 나를 죄인으로 다루지 마소서. 어찌하여 이런 시련을 내리십니까? 그 까닭이라도 알려주소서.
3. 당신께서 손수 만드신 것을 억압하고 멸시하시는 것이 기쁘십니까? 악인의 꾀가 마음에 드십니까?
4. 당신의 눈은 사람의 눈과 같으시며 사람이 보는 만큼밖에는 보지 못하십니까?
5. 당신의 수명은 사람의 수명과 같으시며 인간이 사는 만큼밖에는 살지 못하십니까?
6. 당신께서 하시는 일이란 이 몸의 허물이나 들추어내고 이 몸의 죄나 찾아내는 것입니까?
7. 당신께서는 내가 죄인이 아님을 아시고 또 아무도 이 몸을 당신의 손에서 빼낼 수 없음도 아십니다.
8. 당신께서는 나를 손수 빚어 만드시고는 이제 마음을 바꾸시어 나를 없애버리시렵니까?

9. 이 몸을 진흙으로 빚으셨음을 잊지 마소서. 어찌 다시 흙으로 돌려보내시려 하십니까?
10. 당신께서는 이 몸을 젖같이 쏟으시어 묵처럼 엉기게 하셨고,
11. 가죽과 살을 입히시고 뼈와 힘줄로 얽어주셨습니다.
12. 나에게 목숨을 주시고 숨쉬는 것까지 보살펴 주셨습니다.
13. 그러시면서도 속생각은 다른 데 있으셨군요. 그러실 줄 알고 있었습니다.
14. 내가 죄를 짓는가 지켜보시다가 그 죄에서 풀어놓아 주시지도 아니하십니다.
15. 악을 행하였다면 앙화를 받아 마땅합니다. 그러나 잘못한 일이 없다고 하여도 머리를 쳐들 수 없는 일, 아, 진저리쳐지도록 당한 이 수모가 지긋지긋하도록 괴롭습니다.
16. 내가 몸을 일으키면, 당신께서는 어찌하여 사자처럼 나에게 달려드십니까? 어찌하여 계속 몰아치십니까?
17. 공격에 공격을 퍼붓고 진노의 불길을 뿜으시며 계속 군대를 풀어 몰아치시니 어찌 된 일이십니까?
18. 어찌하여 나를 모태에서 나오게 하셨습니까? 차라리 그 누구의 눈에도 뜨이지 않고 숨져
19. 태어나지도 않았던 듯이 모태에서 무덤으로 바로 갔다면 좋았을 것을.
20. 나의 수명은 이제 다 되었습니다. 좀 내버려두소서. 잠깐만이라도 밝은 날을 보게 하여주소서.
21. 잠시 후에 나는 갑니다. 영영 돌아올 길 없는 곳, 캄캄한 어둠만이 덮인 곳으로 갑니다.
22. 그믐밤 같은 어둠이 깔리고 깜깜한 가운데 온통 뒤죽박죽이 된 곳, 칠흑 같은 흑암만이 빛의 구실을 하는 곳으로 갑니다.

제11장. 소바르의 충고: "하느님의 지혜를 알아라"

1. 나아마 사람 소바르가 말을 받았다.
2. 말이 너무 많네, 듣고만 있을 수 없군. 입술을 많이 놀린다고 하여 죄에서 풀릴 줄 아는가?
3. 자네의 지껄이는 소리를 듣고 누가 입을 열지 않으며 그 빈정거리는 소리를 듣고 누가 핀잔을 주지 않겠는가?
4. 자네는 말하기를, "나의 믿음은 순수하여, 주님 보시기에도 흠이 없다." 한다마는
5. 행여나 하느님께서 자네를 깨우치시려고 입을 열어 답변해 주신다면 오죽이나 좋겠는가!
6. 행여나 신비한 지혜를 열어 보여주신다면 얼마나 좋겠는가! 그의 지혜에는 다른 면들이 감추어져 있다네. 자네가 죄를 잊어버린 것도 바로 하느님께서 하신 일이지.
7. 자네가 하느님의 신비를 파헤칠 수라도 있단 말인가? 전능하신 분의 무한하심을 더듬을 수라도 있단 말인가?
8. 하늘보다도 높은 그것에 어떻게 미치며 저승보다도 깊은 그것을 어찌 알 수 있겠는가?
9. 그 신비는 땅 끝처럼 아득하고 그 무한하심은 바다처럼 넓다네!
10. 그가 좇아와서 고랑을 채워 불러내시는데 그 누가 거역하겠는가?
11. 누구누구가 허황된 사람인지 다 알고 계시는 이, 그가 알아보지 못할 악이 어디에 있겠는가!
12. 거짓된 사람도 제 정신이 들 때가 오는 법, 들나귀도 길이 들지 않는가!
13. 이제 마음의 고삐를 잡고 그에게 손을 내밀게.

14. 악에서 손을 떼고 불의를 장막에서 몰아내게.
15. 그리하면 자네도 아무 거리낌없이 얼굴을 들고 아무 두려움 없이 떳떳하게 서게 될 것일세.
16. 괴롭던 일은 다 잊혀져 흘러간 물처럼 기억에서 사라지겠지.
17. 숨쉬는 나날은 대낮보다도 환해지고 어둠은 새 아침처럼 밝아질 것일세.
18. 자신을 잃지 말게, 아직 희망이 있다네. 걱정 없이 마음놓고 자리에 들게.
19. 자네의 단잠을 깨울 자가 없을 것이며 많은 사람이 자네 앞에서 굽실거릴 것일세.
20. 악인은 그 눈이 흐려지고 도망칠 길마저 끊기리니, 남은 희망은 숨을 거두는 일뿐이리라.

제12장. 욥의 세 번째 대답

1. 욥이 말을 받았다.
2. 참으로 자네들만이 유식하여 자네들이 죽으면 지혜도 함께 죽겠군.
3. 나에게도 그만한 생각은 있다네. 자네들만큼 모르려니 생각하지 말게. 누가 그 정도의 생각도 못하겠는가?
4. 하느님을 불러 대답을 듣다가 그의 벗이라는 자에게 웃음거리가 되었고 죄없고 온전하다는 자에게 도리어 조롱거리가 되었군.
5. 태평무사한 자의 눈에는 재난에 빠진 자가 천더기로 보이고 미끄러지는 자는 밀쳐도 괜찮은 자로 보이는 법이지.
6. 강도의 장막에 도리어 평안이 깃들이고 하느님을 손아귀에 넣고 주무르는 자가 오히려 태평하다네.
7. 짐승들에게 물어보게, 가르쳐주지 않나. 공중의 새들에게 물어보게, 알려주

지 않나.

8. 들풀에게 물어보게, 가르쳐주지 않나. 바다의 고기들도 알려줄 것일세.
9. 이런 일을 한 것이 야훼의 손이 아니고 무엇이겠는가? 세상에 그 누가 이것을 모르랴?
10. 어느 동물의 목숨이 그의 손을 벗어날 수 있으며 어느 사람의 숨결이 주의 손을 벗어날 수 있겠는가?
11. 귀가 말을 알아듣지 못하며 입이 맛을 구별하지 못하겠는가?
12. 나이와 함께 지혜가 자라고 연륜과 함께 깨달음이 깊어가도
13. 지혜와 힘은 결국 그에게서 나오고 경륜과 판단력도 그에게 있는 것,
14. 그가 허무시는데 누가 다시 세우며 그가 가두시는데 누가 풀어놓겠는가?
15. 그가 수문을 닫으시면 말라버리고 그가 물을 쏟으시면 땅은 온통 결딴나는 것을.
16. 힘과 슬기가 그에게서 나오니 속는 자와 속이는 자가 다 그의 손 안에 있지 않은가?
17. 그분은 고문관들을 맨발로 끌려가게 하시고 재판관들을 바보로 만드시는 이,
18. 임금들의 띠를 푸시고 그 허리를 포승으로 묶으시는 이,
19. 사제들도 맨발로 끌려가게 하시고 유지들을 넘어뜨리시는 이,
20. 도도한 자들의 입을 막으시고 늙은이들에게서 판단력을 빼앗으시는 이,
21. 귀족들도 부끄러워 얼굴을 들지 못하게 하시고 용사들의 허리끈을 풀어버리시는 이,
22. 어둠의 깊은 비밀을 들추어내시고 흑암을 백일하에 드러나게 하시는 이,
23. 민족들을 일으키셨다가는 때려눕히시고 뻗어나게 하셨다가는 없애버리시는 이,

24. 백성을 지도하는 자들의 생각을 어둡게 하시어 길 없는 거친 들을 헤매게 하시는 이,
25. 한 가닥 빛도 없이 어둠 속을 더듬거리며 술 취한 사람처럼 헤매게 하시는 이.

제13장

1. 여보게, 나도 모든 것을 눈으로 보았고 귀로 들어 아는 만큼 안다네.
2. 자네들이 아는 만큼은 나도 알고 있으니 자네들만큼은 모르려니 생각하지 말게.
3. 내가 참으로 통사정을 나누고 싶은 이는 전능하신 분, 하느님께 드릴 말씀을 다 드리려네.
4. 자네들은 고작 거짓말이나 꾸며내는 사람들, 모두들 하나같이 돌팔이 의사……
5. 입을 좀 다물게. 그러는 편이 현명할 것일세.
6. 나의 항변을 좀 들어보게. 나의 변론을 귀담아 들어보게.
7. 그런 허튼 소리를 하느님을 위해서 한다는 것인가? 그런 알맹이 없는 말을 그를 위해서 한다는 것인가?
8. 자네들은 그에게 아첨이라도 하고 그를 변호라도 하려는 것인가?
9. 그가 자네들 속을 들추어내신다면 자신 있는가? 사람에게 하듯이 하느님까지 미혹시키려는가?
10. 그에게 아첨이나 하려는 엉큼한 생각을 품었다가는 호되게 꾸중이나 들을 것일세.
11. 그의 영광을 오히려 자네들은 두려워하게 되고 그가 무서워 부들부들 떨게

될 것일세.

12. 자네들의 좌우명은 티끌 위에 쓴 격언이요, 자네들의 답변은 흙벽돌에 쓴 답변일세.

13. 잠잠해 주게나, 내가 말 좀 하겠네. 어떤 일이든 오려거든 오너라.

14. 나 이를 악물고 목숨을 내걸고 맞서리라.

15. 어차피 그의 손에 죽을 몸, 아무 바랄 것도 없지만 나의 걸어온 발자취를 그의 앞에 낱낱이 밝히리라.

16. 이렇게 그의 앞에 나설 수 있음이 곧 나의 구원일는지도 모르는 일, 위선자는 감히 그의 앞에 설 수도 없다네.

17. 그러니 나의 말을 신중히 들어주게. 내가 진술하는 말에 귀를 기울이게.

18. 나 이제 재판받을 마음 준비가 다 되어 있네. 무죄로 풀려날 줄도 알고 있네.

19. 그러나 만일 그 누가 나타나 나의 죄를 입증한다면 나는 말없이 사라져버릴 것일세.

욥의 기도

20. 하느님, 두 가지 부탁만 들어주소서. 그리하시면, 나도 당신 앞에서 숨지 않겠습니다.

21. 당신의 주먹을 거두어주소서. 당신의 진노를 거두시어 두려워 떨지 않게 하여주소서.

22. 그리고 어서 말씀하소서. 서슴없이 답변하겠습니다. 아니면 내가 말씀드리겠사오니 대답하여 주소서.

23. 나에게 죄악이 있다면, 얼마나 있다는 말씀입니까? 반역죄가 있다면, 어찌

하여 알려주시지 아니하십니까?

24. 어찌하여 나에게서 얼굴을 돌리시고 이 몸을 원수로 여기십니까?
25. 어찌하여 당신은 이 낙엽 같은 것을 놀라게 하시고 이 마른 검불 같은 것을 닦달하십니까?
26. 어찌하여 나에게 괴로움이 될 일들을 기록해 두시고 젊어서 저지른 잘못을 이제 유산으로 물려주십니까?
27. 당신께서 나의 발에 차꼬를 채우시고 나의 걸음을 낱낱이 세시며 발바닥에는 표를 새기시다니……
28. 사람이 술부대가 삭아 떨어지듯 옷이 좀먹어 떨어지듯 떨어집니다.

제14장

1. 사람이란 결국 여인에게서 태어나는 것, 그의 수명은 하루살이와 같은데도 괴로움으로만 가득 차 있습니다.
2. 꽃처럼 피어났다가는 스러지고 그림자처럼 덧없이 지나갑니다.
3. 그런 사람에게서 살피실 일이 무엇이며 법정에서 잘잘못을 가릴 일이 무엇입니까?
4. 그 누가 부정한 데서 정한 것을 나오게 할 수 있겠습니까? 아무것도 없사옵니다.
5. 사람이 며칠이나 살며 몇 달이나 움직일지는 당신께서 결정하시는 일이 아닙니까? 넘어갈 수 없는 생의 마감날을 그어주신 것도 당신이십니다.
6. 그러니, 이제 그에게서 눈을 돌리시고 품꾼같이 보낸 하루나마 편히 좀 쉬게 내버려두소서.
7. 나무는 그래도 희망이 있습니다. 찍혀도 다시 피어나 움이 거듭거듭 돋아납

니다.

8. 뿌리가 땅 속에서 늙고 줄기가 흙 속에서 죽었다가도

9. 물기만 맡으면 움이 다시 돋아 어린 나무처럼 가지를 뻗습니다.

10. 그러나 사람은 제아무리 대장부라도 죽으면 별수없고 숨만 지면 그만입니다.

11. 늪에서도 물이 마르고 강줄기라도 말라버릴 수 있듯이

12. 사람은 누우면 일어나지 못합니다. 하늘이 사라지는 한이 있어도 눈을 뜨지 못하고 한번 든 잠은 깨어 일어나지 못합니다.

13. 이 몸을 저승에 숨겨두시지 않으시겠습니까? 당신의 진노가 멎기까지 감추어두시지 않으시겠습니까? 때를 정해 두셨다가 다시 기억해 주시지 않으시겠습니까?

14. 그러나 사람은 제아무리 대장부일지라도 죽었다가 다시 살 수 없는 일, 만일에 그렇다면, 나도 이 길고 긴 고역의 나날이 지나 밝은 날이 오기를 기다릴 수도 있으련만……

15. 당신께서 불러만 주신다면 나는 대답하겠습니다. 당신께서는 손수 지으신 것이 대견스럽지도 않으십니까?

16. 지금은 나의 걸음을 낱낱이 세십니다마는 나의 허물을 모르는 체하여 주실 수는 없으십니까?

17. 나의 죄를 자루에 넣어 봉하시고 나의 죄악을 모두 지워주실 수는 없으십니까?

18. 그러나 산이 무너져 내리고 큰 바위가 제자리에서 밀려나듯이,

19. 반석이 물결에 닳고 땅의 티끌이 폭우에 씻기듯이, 그렇게 당신은 사람의 희망을 끊으십니다.

20. 끝없이 억누르시는 당신의 힘, 벗어날 길이 없어 사람은 갑니다. 얼굴이 파

랑게 질려 쫓겨갑니다.

21. 자손들이 영광을 누려도 알지 못하고 비천하게 되어도 상관하지 못합니다.
22. 다만 몸은 아픔으로 절었고 마음은 슬픔에 잠겼습니다.

제42장. 욥의 마지막 답변

1. 욥이 야훼께 대답하였다.
2. 알았습니다. 당신께서는 못하실 일이 없으십니다. 계획하신 일은 무엇이든지 이루십니다.
3. 부질없는 말로 당신의 뜻을 가린 자, 그것은 바로 저였습니다. 이 머리로는 헤아릴 수 없는 신비한 일들을 영문도 모르면서 지껄였습니다.
4. 당신께서는 말씀하셨습니다. "이제 들어라. 내가 말하겠다. 내가 물을 터이니 알거든 대답하여라."
5. 당신께서 어떤 분이시라는 것을 소문으로 겨우 들었었는데, 이제 저는 이 눈으로 당신을 뵈었습니다.
6. 그리하여 제 말이 잘못되었음을 깨닫고 티끌과 잿더미에 앉아 뉘우칩니다.

뒷이야기

7. 야훼께서 욥과 말씀을 마치신 다음에 데만 사람 엘리바즈에게 말씀하셨다. "너와 너의 두 친구를 생각하면 터지는 분노를 참을 길 없구나. 너희는 내 이야기를 할 때 욥처럼 솔직하지 못하였다.
8. 이제 너희는 수소 일곱 마리와 숫양 일곱 마리를 가지고 나의 종 욥에게로 가서 너희를 위하여 번제를 드려라. 나의 종 욥이 너희를 위하여 기도를 드

려주리라. 그러면 그의 기도를 듣고 나는 너희를 크게 벌하지 않으리라. 너희는 내 이야기를 할 때 나의 종 욥처럼 솔직하지 못하였다."

9. 데만 사람 엘리바즈와 수아 사람 빌닷과 나아마 사람 소바르는 곧 야훼의 분부대로 하였다. 야훼께서는 욥의 기도를 기꺼이 들어주셨다.

10. 욥이 친구들을 위하여 기도를 드리니, 야훼께서 욥의 소유를 회복시켜 주셨다. 야훼께서 욥의 소유를 전보다 두 배나 돌려주셨다.

11. 그의 동생들과 누이들, 또 그의 옛 친지들이 찾아와서 그의 집에서 함께 먹고 마셨다. 그 동안 야훼께서 욥에게 내린 재난이 얼마나 괴로웠느냐고 동정어린 말로 그를 위로하면서 저마다 돈을 주고 금반지를 끼워주었다.

12. 야훼께서 욥의 여생에 전날보다 더한 복을 내려주셨다. 양 만 사천 마리, 낙타 육천 마리, 겨릿소 천 쌍, 암나귀 천 마리에다

13. 또 일곱 아들과 세 딸도 주셨다.

14. 첫 딸의 이름을 예미마라 하고, 둘째 딸의 이름은 케지야라 하고, 셋째 딸의 이름은 케렌 하뿌아라 지어주었다.

15. 전 세계에서 욥의 딸들만큼 아리따운 여자를 찾을 수 없었다. 욥은 딸들에게도 그들의 오빠에게 준 것과 같은 유산을 나누어주었다.

16. 그 후 욥은 백사십 년을 살면서 사대손을 보았다.

17. 욥은 이렇게 수를 다 누리고 늙어서 세상을 떠났다.

연기노트

욥기서는 성경 전체에서 가장 긴 대화체 말씀입니다. 욥 자신의 독백도 있고, 친구와의 대화도 있으며, 하느님과의 기도도 있습니다.

침묵으로 조용히 묵상하며 기도하는 것(대화하는 것)도 중요하지만 소리를 내어 부르짖는 기도(대화)도 중요합니다.

소리를 낸다는 것은 적극적 행동입니다. 문을 두드리는 행동에서 소리가 납니다. 그 행동과 소리에 반응합니다. 이것이 연기입니다.

소리는 내 깊은 영혼에서 발흥하여 호흡과 심장의 박동, 뇌파에서 비롯된 의식적인 명령에 따라 내 발성기관이 움직여 소릿값을 가지게 됩니다. 소릿값은 그 사람의 인격이며, 그 사람 삶의 척도입니다. 좋은 소리를, 개성 있고, 특색있는 소리를 가지기 위해 배우는 훈련해야 합니다. **말씀을 소리내어 말하기(읽기)는 배우 훈련의 가장 기본적인 훈련입니다.**

Text 32. 다니엘의 꿈 해석

연기 연습 32는 무대 화술(말하기)의 극치를 보여주는 장면입니다.

다니엘은 하느님이 보여주신 아무도 알지 못하는, 아무도 보지 못했던 신비로운 환상을 체험하고 그것을 바벨론의 왕 앞에서 이야기합니다(연기합니다).

다니엘의 이 장면은 생명을 건 백척간두의 절체절명의 승부였습니다.

성경 말씀 다니엘서는 '바빌론으로 유배된 유대 귀족 다니엘의 활동과 환상을 기록한 이야기'로 되어 있으며, 유대 역사를 바탕으로 한 예언과 함께 종말에 대한 묘사를 포함하고 있습니다. 이 종말의 묘사는 우주적 규모를 가지면서도 정치적 초점을 띠고 있으며 원래 독자들에게 전달하려는 메시지는 이스라엘의 신이 다니엘을 적들로부터 구원하였듯이, 현재의 억압 속에서 이스라엘 백성을 구원할 것이라는 믿음이었다.

등장인물

다니엘(히브리어: דניאל 다니엘, 그리스어: Δανιήλ 다니엘, 영어: Book of Daniel) 기원전 6세기에 살았던 선지자. 유대 민족이 바빌론에 포로로 기원전 597년에 잡혀갔을 때 다니엘도 잡혀갔다고 전한다. 어원은 히브리어로 '심판' 또는 '판결'을 뜻하는 'דָּן(dan)', '나의'를 뜻하는 '־י(–iy)', '야훼'를 뜻하는 'אֵל(el)'이 합쳐진 히브리어 이름 '다니엘(דָּנִיֵּאל/Daniyél)'에서 유래한 남성 이름이다.

느부갓네살 왕 느부갓네살은 주전 605-562년까지 바빌론을 다스린 왕임.

점술가들

야록 왕의 형리부장.

주어진 상황과 목표

유다 민족의 귀족 출신 청년 다니엘은 바벨론의 포로로 잡혀갔다. 바벨론의 왕 느브갓살의 궁에서 포로(노예)로 일하게 된다.

어느 날 느브갓살왕은 신비로운 꿈을 꾸게 되고, 그 꿈을 해몽하기 위해 바벨론의 점술사들을 총동원하였지만, 왕은 꿈의 내용을 말해 주지도 않으면서 자기가 꾼 꿈의 내용과 그 꿈의 해몽을 요구한다. 말도 안 되는 왕의 요구에 모든 점술가는 목숨이 풍전등화였다. 이때 다니엘은 하느님의 도움으로 왕의 꿈을 해몽하게 된다.

성경 말씀: 다니엘 2장 1-49

(느부갓네살왕 제이 년에, 느부갓네살은 무슨 꿈을 꾸고 마음이 산란해져서 잠을 이룰 수가 없었다. 왕은 자기가 꾼 꿈을 알아내려고 마술사, 술객, 요술쟁이, 점성가들을 불러들이라고 영을 내려 그들이 대령하자 이렇게 물었다.)

왕 내가 꿈을 꾸었는데, 그게 무슨 꿈인지 몰라 답답하구나.

(점성가들이 아람말로 아뢰었다.)

점성가들 임금님, 만수무강을 빕니다. 해몽하여 드리겠으니, 그 꿈을 소신들에게 말씀해 주십시오.

(그러나 왕은 점성가들에게 이렇게 말했다)

왕 절대로 안 된다. 만약에 내 꿈을 알아내어 해몽하지 못한다면 너희를 능지처참하고 너희의 집을 모조리 쓰레기더미로 만들리라.
그러나 그 꿈을 알아내어 해몽해 준다면 후한 상금을 내리고 큰 영광을 누리게 해 줄 터이니 내 꿈을 알아내고 해몽해 보아라.

(점성가들이 다시 왕에게, 그 꿈을 알려 주어야 해몽할 것이 아니냐고 말하자 왕은 이렇게 대답했다.)

왕 너희가 내 말은 돌이킬 수 없다는 것을 알고 시간이나 벌려고 그러지만 내가 그것을 모를 줄 아느냐?
너희가 내 꿈을 알아내지 못한다면 죽이리라.
터무니없는 거짓말이나 꾸며서 시간을 끌려고 하지만 어림도 없다.
당장 내 꿈을 알아내어라.
그래야 너희가 해몽도 할 수 있다는 것을 알 게 아니냐?

(점성가들이 대답했다.)

점성가들 임금님께서 지금 물으시는 것을 알아낼 사람은 세상에 한 사람도 없습니다.
대왕이나 군주가 그런 것을 마술사나 술객이나 점성가들에게 물은 적이 있습니까? 임금님께서는 무리한 요구를 하십니다.
인간과 동떨어져 있는 신들밖에는 임금님께 그것을 말씀드릴 자가 없습니다.

(왕은 노했다. 그는 몹시 화가 나서 바빌론의 재사들을 모두 죽이라고 명령했다. 재사들을 죽이라는 영이 내리자 병사들은 다니엘과 그 친구들까지 죽이려고 찾아 나섰다.
마침 왕의 형리부장 아록이 바빌론 재사들을 잡아 죽이려고 나서는데 다니엘이 그를 만나 눈치를 살피며 은근히 물었다.)

다니엘 어명을 받드시는 장군님, 무슨 일이 있었기에 왕께서 그토록 엄한 영을 내리셨습니까?

(아록이 그 사정을 알려주자 다니엘은 자기가 입궐하여 해몽할 터이니 말미를 달라고 청하였다. 다니엘은 마침내 허락을 받고 집에 돌아 가서 자기 동료 하나니야, 미사엘, 아자리야에게 그 이야기를 하고 하늘에 계시는 하느님께, 자비를 베푸시어 그 비밀을 알게 하여 자기와 동료들이 바빌론 재사들과 함께 죽음을 면하게 해 달라고 빌었다.
그날 밤, 다니엘은 마침내 환상을 보고 그 비밀을 알게 되어 하늘에 계시는 하느님을 찬양하였다. 그는 이렇게 노래하였다.)

다니엘 지혜와 능력은 하느님의 것이니, 하느님의 이름은 영원부터 영원까지 찬양받으시리라.
시대를 마음대로 바꾸어 왕조를 바꾸시는 분이시요, 재사들에게 지혜를 주시고 슬기로운 사람들에게 지식을 주시는 분이시어라.
빛은 언제나 하느님과 함께 있어 어둠 속에 숨긴 것도 아시고, 깊은

데 숨어 있는 것도 밝히시는 분이시어라.
조상들을 보살피시던 하느님! 이 몸, 하느님께 감사하며 찬양을 올립니다. 지혜와 힘을 주시고 소원을 들어주셔서 감사합니다. 왕이 알고자 하는 것을 알려주셔서 감사합니다.

(그리고 나서 다니엘은 바빌론의 재사들을 죽이라는 어명을 받은 야록을 찾아가 청하였다.)

다니엘 바빌론의 재사들을 죽일 것이 아니라, 저를 입궐시켜 주십시오.
제가 왕께 해몽해 드리겠습니다.

(야록은 곧장 다니엘을 왕에게 데리고 가서 고했다.)

야록 임금님의 꿈을 풀어 드릴 사람을 찾아냈습니다. 사로잡혀 온 유다인입니다.

(야록의 말을 듣고 왕은 벨트사살이라고도 하는 다니엘에게 물었다.)

왕 네가 내 꿈을 알 수 있단 말이냐? 그리고 해몽할 수도 있단 말이냐?
(다니엘이 왕에게 대답했다.)

다니엘 임금님께서 물으신 것은 어느 재사나 마술사나 술객이나 점쟁이도 밝혀드릴 수 없는 비밀입니다.
하늘에는 어떤 비밀도 밝혀내실 수 있는 하느님이 계십니다.

그 하느님께서 임금님께 훗날 일어날 일을 알려주신 것입니다.

임금님께서 잠자리에 누워 꾸신 꿈을 말씀드리겠습니다.

임금님께서 자리에 드시어 앞일을 생각하실 때 모든 비밀을 밝히시는 분이 훗날 일어날 일을 임금님께 알려주신 것입니다.

소신이 남달리 지혜로워서 소신에게 그 비밀을 알려주신 것이 아니라, 임금님의 무엇이 떠올랐으며 그 뜻이 무엇인지 임금님께 밝혀 드리라고 알려주신 것입니다.

임금님께서 보신 환상은 이런 것이었습니다.

매우 크고 눈부시게 번쩍이는 것이 사람의 모양을 하고 임금님 앞에 우뚝 서 있었습니다.

머리는 순금이요, 가슴과 두 팔은 은이요, 배와 두 넓적다리는 놋쇠요, 정강이는 쇠요, 발은 쇠와 흙으로 되어 있었습니다.

임금님께서 그것을 보고 계시는데 아무도 손을 대지 않은 돌 하나가 난데없이 날아들어 와 쇠와 흙으로 된 그 발을 쳐서 부수어 버렸습니다.

그러자 쇠, 흙, 놋쇠, 은, 금이 한꺼번에 부서져 타작마당의 겨처럼 가루가 되어 바람에 날려가고 자취도 남지 않았습니다. 그런데 그것을 친 돌은 산같이 큰 바위가 되어 온 세상을 채웠습니다.

꿈은 이러합니다마는, 이제 그것을 해몽해 드리겠습니다.

임금님께서는 왕이실 뿐 아니라 왕들을 거느리신 황제이십니다. 하늘에 계시는 하느님께서는 임금님께 나라와 힘과 권세와 영화를 주셨습니다.

하느님께서는 사람과 들짐승과 공중의 새가 다 어디에 있든지 그것들을 임금님의 손에 맡겨 다스리게 하셨습니다. 금으로 된 머리는 바로 임금님이십니다.

임금님 다음에는 임금님보다 못한 다른 나라가 서겠습니다. 세 번째는 놋쇠로 된 나라가 온 천하를 다스리게 됩니다.

네 번째로 설 나라는 쇠처럼 단단하겠습니다. 쇠는 무엇이나 부숩니다. 그 나라는 쇠처럼 모든 나라를 부술 것입니다.

임금님께서 보신 대로 두 발과 발가락들이 옹기 흙과 쇠로 되어 있는 것은 나라가 둘로 갈라진다는 뜻입니다. 그 나라는 쇠처럼 단단하기는 하겠지마는 임금님께서 보신 대로 쇠는 옹기 흙과 섞여 있습니다.

발과 발가락들이 쇠와 옹기 흙으로 되어 있는 것은 단단한 편도 있고 무른 편도 있다 는 뜻입니다.

임금님께서 보신 대로 쇠가 옹기 흙과 섞인 것은 사람들이 인척 관계를 맺는다는 뜻 입니다. 그러나 그들은 쇠와 옹기 흙이 엉기지 않듯 서로 결합되지 않을 것입니다.

이 왕들 시대에 하늘에 계시는 하느님께서 한 나라를 세우실 터인데 그 나라는 영원히 망하지 아니하고, 다른 민족의 손에 넘어가지도 않을 것입니다.

오히려 앞에 말한 모든 나라들을 부수어 없애 버릴 것입니다.

그 나라는 길이 서 있게 될 것입니다.

아무도 손을 대지 않았는데, 돌 하나가 바위산에서 떨어져 나와 쇠와 놋쇠와 옹기 흙과 은과 금으로 된 것을 부수는 것을 임금님께서는 보셨을 것입니다.

이것이 바로 위대하신 하느님께서 앞으로 무슨 일이 일어날 것인지를 임금님께 알려주신 것입니다. 꿈은 분명 이런 것이었고 그 풀이 또한 틀림이 없습니다.

(그러자 느부갓네살왕은 엎드려 다니엘에게 절을 하고 사람들더러 그에게 제사와 분향을 올리라는 분부를 내렸다. 그리고 그는 다니엘에게 이렇게 말했다.)

왕 너의 신이야말로 정말 비밀을 밝히시는 분이요 신들 가운데서 으뜸가는 신이며, 만왕을 거느리시는 분이다. 그렇지 않고서야 네가 어찌 이 비밀을 밝힐 수 있었겠느냐?

(그리고 나서 왕은 다니엘에게 높은 벼슬을 내리고 훌륭한 선물을 많이 주었으며 바빌론 온 지방의 통치자로 삼고 또 바빌론의 재사들을 거느리는 자리에 앉혔다. 다니엘은 왕에게 청하여 사드락과 메삭과 아벳느고를 바빌론 지방 관리로 임명하고 자기는 궁중에서 근무하였다.)

연기노트

무대 화술(말하기)의 최종 목표는 말로 그림을 그리는 것입니다. 말로 생생하게 극적 상황의 공간 분위기, 부피, 무게, 질감, 색채, 명암, 움직임(행동)을 표현해야 합니다.

이때 연기자(배우)는 우선적으로 자기 자신의 내적 이미지(내면의 영상)를 가지고 있어야 합니다. 그리고 그것이 파노라마처럼 흐르고 있어야 합니다. 이것은 배우의 천재적 감성입니다. 그렇지만 체계적인 교육과 훈련으로 가능합니다.

호흡과 명상, 꼬리에 꼬리는 무는 호기심(상상력), 집중과 몰입(끈기), 자신의 한계를 넘어서는 교육과 절대적 연습량(시간 투자)이 또 한 명의 천재 배우를 태어나게 합니다.

Text 33. 3명의 청년이 불가마에 던지우다

이 장면의 연기 연습은 참으로 어렵습니다. 사실적으로 용광로 같은 불구덩이 화덕을 무대에 만들 수 없고, 그 열기와 화염을 구현할 수도 없습니다. 가짜 무대, 그럴듯한 무대, 관객과 약속된 무대만이 존재합니다.

그렇지만 배우는 이러한 환경 속에서도 진실 된 감정, 진실 된 연기를 해야 합니다. 말씀을 찬찬히 읽으며(소리 내) 그 속에 담긴 마음(정서)을 생각해 보십시오. 그 마음이 어떤 행동을 만들어 내는지 상상해 보며 움직이십시오.

연기라는 기관차가 처음에는 시동을 걸고, 아주 천천히, 느리게 움직이지만 곧 가속도가 붙으면 달리기 시작합니다.

등장인물

세 명의 청년 사드락. 메삭. 아벳느고.

바벨론 사람

왕

주어진 상황과 목표

바벨론의 누브네갓살 왕은 거대한 금신상을 세워 우상숭배를 강요하였다. 누구든지 이 금신상에 절하지 않으면 활활 타오르는 불구덩이 속에 던져 태워 죽인다는 왕의 명령이 내려졌다.

포로로 잡혀 온 다니엘과 그의 친구 세 명(사드락, 메삭, 아벳느고)은 바벨론 사람들의 고발 때문에 불구덩이(화덕)에 던져진다.

얼마나 무섭고, 떨리는 상태였을까?

두려움을 이겨내는 믿음. 이 믿음이 행동을 만들어낸다.

성경 말씀: 다니엘 3장 8-30

(이때 어떤 바빌론 사람들이 나서서 유다인들을 고발하였다. 그들은 느부갓네살왕에게 이렇게 일러 바쳤다.)

바벨론 사람 임금님! 만수무강을 빕니다. 임금님께서 영을 내리시어 나팔, 피리, 거문고, 사현금, 칠현금, 퉁수 등 갖가지 악기 소리가 나면 누구나 엎드리어 금신상 앞에 절을 하라고 하시지 않으셨습니까? 엎드리어 절하지 않는 사람은 누구든지 활활 타는 화덕에 집어넣는다고 칙령을 내리시지 않으셨습니까? 그런데 임금님의 칙령을 무시하고 임금님께서 위하시는 신을 섬기지 않는 사람들이 있습니다. 그들이 바로 임금님께서 바빌론 지방 관리로 임명하신 사드락, 메삭, 아벳느고라는 유다인들입니다.
그들은 임금님께서 세우신 금신상 앞에 절하지 않았습니다.

(느부갓네살은 몹시 화가 나서 사드락과 메삭과 아벳느고를 잡아들이라고 명령하였다. 그들이 왕 앞에 끌려 오자, 느부갓네살이 물었다.)

왕 사드락, 메삭, 아벳느고, 너희는 내가 세운 금신상 앞에 절을 하지 않고 내가 위하는 신을 섬기지 않았다니, 그게 사실이냐?
이제라도 나팔, 피리, 거문고, 사현금, 칠현금, 퉁수 등 갖가지 악기 소리가 나는 대로 곧 엎드리어 내가 만든 신상 앞에 절할 마음이 없느냐? 절하지 않으면 활활 타는 화덕 속에 던질 터인데, 그래도 좋으냐? 내 너희를 구해 줄 신이 과연 있겠느냐?

(사드락과 메삭과 아벳느고가 느부갓네살왕에게 대답했다.)

세 명의 청년 저희는 임금님께서 물으시는 말씀에 대답할 마음이 없습니다.
저희가 섬기는 하느님께서 저희를 구해 주실 힘이 있으시면 임금님께서 소신들을 활활 타는 화덕에 집어넣으셔도 저희를 거기에서 구해 주실 것입니다.
비록 그렇게 되지 않더라도 저희는 임금님의 신을 섬기거나 임금님께서 세우신 금신상 앞에 절할 수 없습니다.

(느부갓네살은 사드락과 메삭과 아벳느고의 말을 듣고는 금방 안색이 달라지며 노기에 차서 화덕의 불을 여느 때보다 일곱 배나 뜨겁게 지피도록 하고, 군인들 가운데서도 힘센 장정들을 뽑아 사드락과 메삭과 아벳느고를 묶어 활활 타는 화덕에 집어넣으라고 명하였다. 사람들은 그들을 도포와 속옷 등 옷을 입고 관을 쓴 채로 묶어서 활활 타는 화덕 속에 집어넣었다. 왕명이 그만큼 급했던 것이다. 화덕이 너무나 달아 있었으므로 사드락과 메삭과 아벳느고를 넣던 사람들이 불길에 타 죽고 말았다. 사드락과 메삭과 아벳느고 세 사람은 꽁꽁 묶인 채 불타는 화덕 속에 던져졌다.)

(그런데 느부갓네살왕이 깜짝 놀랄 일이 생겼다. 그는 벌떡 일어나 측근자에게 물었다.)

왕 꽁꽁 묶어서 화덕에 집어넣은 것이 세 명 아니었더냐?

(그들이 대답했다. "임금님, 그렇습니다.")

왕 그런데 네 사람이 아무 탈 없이 화덕 속에서 거닐고 있으니, 어찌 된 일이냐? 저 넷째 사람의 모습은 신의 모습을 닮았구나.

(하면서 느부갓네살은 활활 타는 화덕 어귀에 가서 이렇게 외쳤다.)

왕 사드락과 메삭과 아벳느고야, 지극히 높으신 하느님을 섬기는 자들아 어서 나오너라.

(사드락과 메삭과 아벳느고가 화덕에서 나온 다음 지방장관들과 대신들, 총독들, 왕의 측근들이 모여 와 그들을 살펴보니, 몸이 불에 데기는커녕 머리카락 하나 그슬리지 않았고 도포도 눋지 않았으며 불길이 닿은 냄새조차 나지 않았다.)

왕 사드락과 메삭과 아벳느고가 섬기는 신이야말로 찬양받으실 분이구나.

(하며 느부갓네살은 외쳤다.)

저들의 하느님께서, 어명을 어기면서까지 목숨 걸고 당신만을 믿고 저희의 신 아닌 다른 신 앞에서는 절하지도, 섬기지도 않는 이 신하들을 천사를 보내시어 구해 내셨구나.

이제 나는 영을 내린다.

인종이나 말이 다른 뭇 백성은 사드락과 메삭과 아벳느고가 섬기는 신에게 욕된 말을 하지 못한다.

욕하는 자는 토막내어 죽이고 그의 집은 거름더미로 만들리라.

이처럼 자기를 믿는 자를 구해 줄 수 있는 신은 다시 없으리라.

(그리고 왕은 사드락과 메삭과 아벳느고에게 바빌론 지방에서 더 높은 벼슬을 내렸다.)

연기노트

성경에는 신비로운 기적이 곳곳에 기록되어 있습니다. 세 명의 유다 청년이 용광로 같은 불구덩이에서 살아 나온 기적 장면을 무대에서 관객들에게 어떻게 하면 보여줄 수 있을까요? 배우는 어떻게 이 장면을 연기해야 할까요?

사실주의(사실주의) 연극 양식으로는 불가능합니다. 새로운 양식(스타일)이 있어야 합니다. 연극 역사에는 15개의 스타일(양식)이 존재하여 왔습니다. 오늘날에는 이 양식들이 혼합, 절충되어 연극을 만듭니다.

연극을 만드는 배우는 결국 기술자입니다. 역사 속에 존재했던 옛 기술을 마스터하고, 현재. 미래에 사용될 새로운 연기 기술을 창조해야 하는 일, 이것이 배우의 운명입니다. 운명을 개척하십시오.

Text 34. 다니엘이 사자굴에서 살아 나오다

등장인물

다니엘

왕

대신들

주어진 상황과 목표

왕의 꿈을 해몽하고 다니엘은 왕의 총애를 얻었다. 그럼에도 불구하고 다니엘은 왕의 명령을 어기고 하느님께 예배 드렸다. 왕의 대신들은 왕에게 다니엘이 법을 어겼다고 주장하며 벌주라 주장한다. 대신들의 거듭된 주장에 왕은 어쩔 수 없어 다니엘을 사자굴에 던져 넣으라 명하지만 내심 하느님의 구원 역사가 일어날 것이라 희망한다.

성경말씀: 다니엘 6장 15-24

(왕은 이 말을 듣고 매우 걱정되었으나 다니엘을 살려 내기로 결심하고 그를 구하려고 백방으로 애를 썼다. 그러나 그들은 왕에게 몰려와 주장을 펴는 것이었다.)

대신들 임금님께서 세우신 금령이나 법령은 고칠 수 없다는 것이 메대와 페르

샤의 법임을 잊지 마십시오."

(그리하여 왕은 영을 내려 다니엘을 끌어다가 사자 우리에 집어넣게 하고는 다니엘에게 이렇게 말하였다.)

왕 네가 굽히지 않고 섬겨 온 신이 너를 구하여 주시기 바란다.

(왕과 대신들은 사자 우리의 문을 막은 돌에 봉인을 하여 아무도 다니엘을 건져 내지 못하게 하였다. 왕은 궁으로 돌아 가 먹지도 마시지도 아니하고, 후궁의 수청도 물리친 채 뜬눈으로 밤을 새웠다.
날이 새자마자 왕은 자리에서 일어나 사자 우리로 달려갔다.
그는 우리에 다가 서서 목멘 소리로 다니엘을 불렀다.)

왕 살아 계시는 신을 섬기는 다니엘아, 네가 항상 섬겨 온 신이 과연 너를 사자들에게서 살려내 주었느냐?

(다니엘이 왕에게 대답하였다.)

다니엘 임금님, 만수무강을 빕니다.
소인이 섬겨 온 하느님께서 천사를 보내시어 사자들의 입을 틀어막으셨으므로 사자들이 소인을 해치지 못하였습니다.
소인은 하느님 앞에 아무 죄도 없을 뿐더러 임금님께도 잘못한 일이 없습니다.
그래서 이렇게 구하여 주신 것입니다.

(왕은 다니엘이 살아 있는 것을 크게 기뻐하며 그를 끌어 올리라고 명하였다. 다니엘을 굴에서 끌어 올리고 보니 아무런 상처도 없었다. 하느님을 믿고 의지했기 때문이었다.)

연기노트

느브갓살 왕과 다니엘의 관계를 생각해 봅니다.

왕은 다니엘을 총애했습니다. 다니엘도 왕을 존중했습니다. 이 둘이 나누는 대화(연기)에는 상호 존중이 깔려 있습니다.

배우는 자기 파트너와의 관계 속에서 연기를 시작합니다. 동료 배우와의 파트너십.

왕이 식음을 전폐하고, 잠도 자지 아니하고 무엇을 했을까요? 다니엘의 기도도 있었겠지만 왕의 간절함이 다니엘을 사자굴에서 구해 낸 원동력이 아니었을까요?

내가 아닌 상대 연기자(상대 배역)가 연기를 잘 할 수 있도록 기도해 보십시오. 간구해 보십시오. 그러면 내 연기도 좋아지고 내 연기가 빛이 날것입니다.

Text 35. 동방박사와 헤로데 왕

등장인물

헤로데 왕 헤로데 1세(히브리어: הוֹרְדוֹס 호르도스, 그리스어: ἡρῴδης, 라틴어: Herodes I, 기원전 73년경~기원전 4년) 또는 헤로데 대왕(그리스어: Ἡρῴδης ὁ Μέγας, 라틴어: Herodes Magnus, 영어: Herod the Great), 헤롯(개역한글판)은 로마 제국 시대에 유대 지방에 분봉된 왕, 즉 로마 제국이 유대를 간접 지배하기 위해 유대의 왕으로 임명한 자이다. 그에 관한 역사 기록은 극적으로 다르다. 그는 유대 전역에 자신의 거대한 건축 프로젝트를 진행해서 남겼다. 예루살렘의 두 번째 성전(예루살렘 성전)을 증축했고, 가이사랴(Caesarea Maritima) 항구를 건축했고, 이외에 마사다 요새, 그리고 헤로듐(Herodium)을 세웠다. 그에 관한 중요한 사항은 기원후 1세기 로마-유태인 역사가 요세푸스의 작품에 기록되어 있다. 헤롯은 또한 유대의 통치자로서 마태오 복음서 제2장에 나오는, 예수의 탄생을 지우기 위해 어린이 학살을 명령했다. 새로운 귀족 왕조를 세웠지만, 자신의 성공에도 불구하고, 그는 여전히 여러 역사학자들의 비판을 받고 있다. 그의 통치에 관해, 학자들과 역사가들의 의견은 완전히 양분되어 있다. 일부는 그가 남긴 업적을 성공의 증거로 보지만, 다른 일부는 그의 폭정적 통치를 연상시킨다고 해석한다.

동방박사 세 명 동방 박사(東方博士, 영어: Biblical Magi, Three Wise Men, Three Kings) 또는 마구스(magus; 복수: magi)는 예수가 탄생하고 나서 얼마 후 베들레헴까지

직접 찾아온 것으로 알려진 동방(파르티아로 추정)의 박사들이다. 이들의 행적은 신약성서에 기록되어 있으며, 한국어 성서에서 동방 박사로 번역된 헬라어 마구스(마기)는 마술사, 점성술사를 뜻한다. 그래서 이들은 별을 보고 그리스도이자 유대인의 왕인 예수가 태어났음을 깨달았다. 마태복음서에 따르면 별은 먼저 이들을 헤롯왕에게로 인도했고 이후 아기 예수에게 경배하고 황금, 유향, 몰약을 선물한 후 헤롯 대왕에게로 다시 가고자 하였으나 하느님의 계시를 받고는 결국 다른 길로 귀국하였다고 기록하고 있다. 영악한 정치 감각으로 예수를 로마 제국의 간접 통치자인 자신을 위협할 수 있는 인물로 지목한 헤롯은 독재자가 권력 유지를 위해 흔하게 사용하는 무기인 폭력으로 예수를 없애려고 했지만, 이 사실을 안 예수의 가족은 이집트로 피신해 화를 면하였다. 많은 교회에서는 이들이 아기 예수를 경배한 사건을 예수가 자신을 드러낸 사건으로 해석하여 주현절로 기념하기도 한다.

율법학자

주어진 상황과 목표

예수님이 탄생한 시기는 참으로 참혹한 시대였습니다. 이스라엘은 로마제국의 식민지가 되었고, 예루살렘 성전도 파괴되었으며 로마제국으로부터 분봉 왕이 된 헤롯은 폭정을 일삼았습니다.

이때 성경의 예언대로 메시아가 이 땅에 오십니다. 예수는 백성들에게는 희망의, 구원의 메시아이지만 기득권자 로마와 예루살렘의 정치가와 종교 지도자들은 받아들일 수 없는 일이었습니다.

성경 말씀: 마태오 2장 1-9

(예수께서 헤로데왕 때에 유다 베들레헴에서 나셨는데 그때에 동방에서 박사들이 예루살렘에 와서)

동방박사 유다인의 왕으로 나신 분이 어디 계십니까?
우리는 동방에서 그분의 별을 보고 그분에게 경배하러 왔습니다. (하고 말하였다.)

(이 말을 듣고 헤로데왕이 당황한 것은 물론, 예루살렘이 온통 술렁거렸다.
왕은 백성의 대사제들과 율법학자들을 다 모아놓고)

왕 그리스도께서 나실 곳이 어디냐? (고 물었다.)

율법학자 (그들은 이렇게 대답하였다.)
유다 베들레헴입니다. 예언서의 기록을 보면, "유다의 땅 베들레헴아, 너는 결코 유다의 땅에서 가장 작은 고을이 아니다.
내 백성 이스라엘의 목자가 될 영도자가 너에게서 나리라"고 하였습니다.(미가 5:1)

(그때에 헤로데가 동방에서 온 박사들을 몰래 불러 별이 나타난 때를 정확히 알아보고 그들을 베들레헴으로 보내면서)

왕 가서 그 아기를 잘 찾아보시오.

나도 가서 경배할 터이니 찾거든 알려 주시오. (하고 부탁하였다.)

(왕의 부탁을 듣고 박사들은 길을 떠났다. 그때 동방에서 본 그 별이 그들을 앞서 가다가 마침내 그 아기가 있는 곳 위에 이르러 멈추었다.)

연기노트

내심을 숨기며 자신의 목적을 달성하기 위한 헤롯왕의 연기는 어떻게 해야 할까요? 상대방이 의심하지 않고 내 말을 믿게 만들려면 어떻게 해야 할까요?

결국은 철저한 계산 속에, 준비된 완벽한 거짓이 진실의 모습을 띨 때 연기는 완성됩니다.

거짓과 진실의 위태로운 외줄타기! 그곳에서 균형의 미가 드러납니다.

Text 36. 여리고의 두 소경

연기 연습 35부터는 신약성경을 바탕으로 합니다.

신약성경은 예수님의 생애와 말씀으로 이루어진 4 복음서(마태, 마가, 누가. 요한복음)와 제자(사도)들의 행적과 서신, 그리고 사도바울의 서신, 요한의 계시록으로 이루어져 있습니다.

말씀의 중심인 예수님의 말과 행동을 연기(연습)한다는 것은 참으로 조심스러운 일입니다. 왜냐하면 제 주관적인 생각이 자칫 예수님의 말씀을 왜곡, 오도할 수 있기 때문입니다. 그러기에 예수님의 말씀은 말씀 그 자체로 받아들이시고, 같이 등장하는 상대역에만 집중하시기를 바랍니다.

등장인물

여리고의 두 소경(눈먼 사람)

예수

주어진 상황과 목표

예수님이 공생활을 시작하신 후 많은 병자를 고치시고 많은 기적을 보이시며 천국 복음을 전하자, 수많은 사람들이 예수님을 보고자 따라 왔습니다. 그러나 눈이 보이지 않아 예수님을 따라갈 수 없는 소경이 이 장면에 등장합니다. 보고 싶어도 볼 수 없고, 가고 싶어도 갈 수 없는, 만지고 싶어도 만질 수 없는 가장 비참한 인생이 여기 있습니다.

두 소경은 여리고성 길가에 앉아 구걸로 하루하루를 연명하는 불쌍한 사람들입니다. 그러나 이 사람들은 귀가 밝습니다. 자그마한 인기척에도 반응합니다. 소문이 무성합니다. 군중들의 목소리, 발자국 소리… 다급합니다. 밀물처럼 왔다가 썰물처럼 빠져 나가는 군중 속에서 두 소경은 한 목소리로 외칩니다.

성경 말씀: 마태오 20장 29-34

(그들이 예리고를 떠날 때에 큰 군중이 예수를 따라왔다.
그런데 소경 두 사람이 길가에 앉아 있다가 예수께서 지나가신다는 말을 듣고 큰 소리로,)

두 소경 다윗의 자손이신 주님, 우리에게 자비를 베풀어 주십시오.
(하고 외쳤다. 사람들이 떠들지 말라고 꾸짖었으나 그들은 더욱 큰 소리로)
다윗의 자손이신 주님, 우리에게 자비를 베풀어 주십시오. (하고 외쳤다.)

예수 (예수께서 걸음을 멈추시고 그들을 부르신 다음)
나에게 바라는 것이 무엇이냐? (하고 물으셨다.)

두 소경 주님, 눈을 뜨게 해 주십시오.

(이 말에 예수께서 측은한 마음이 들어 그들의 눈에 손을 대시자 그들은 곧 눈을 뜨게 되었다. 그리고 예수를 따랐다.)

연기노트

성경 말씀에는 두 소경이 **"다윗의 자손이신 주님, 우리에게 자비를 베풀어 주십시오."** 하고 두 번 외쳤다고 쓰여 있습니다. 생각해 봅니다. 만약 내가 저 상황이라면 나는 수십, 수백 번을 목 놓아, 목 터지라 불렀을 것입니다. 왜냐하면 내가 할 수 있는 최고의 방법이 목 놓아 부르짖는 방법밖에는 없기 때문입니다.

예수님이 묻습니다. "나에게 바라는 것이 무엇이냐?" 두 소경은 대답합니다. 구체적으로, 직접적으로, 간단명료하게 예수님께 간구합니다. **"주님, 눈을 뜨게 해 주십시오." 이것이 연기의 목표입니다.**

Text 37. 예수를 세 번 부인한 베드로

등장인물

베드로 베드로(고대 그리스어: Πέτρος 페트로스, 라틴어: Petrus 페트루스, 이탈리아어: Pietro 피에트로, 영어: Saint Peter, 1년경?~67년 6월 이후?)는 기독교의 열두 사도로서 예수의 열두 제자 가운데 한 사람이다. 특히 신약성경의 복음서와 사도행전에서 중요한 인물로 등장한다. 베드로는 요나 또는 요한의 아들로서 갈릴래아 지방 베싸이다 마을 태생이다. 또한 베드로는 사도 안드레아와 형제이다. 원래 이름은 시므온이었으나, 예수가 그에게 아람어로 반석이라는 뜻의 케파(אָפֵיכ, kepa, Cepha)라는 새 이름을 지어주었으며, 이를 소리 나는 대로 고대 그리스어 문자로 '케파스(Κηφας)'로 적고, 낱말 뜻을 고대 그리스어 단어인 페트로스(돌, 바위)로 표기한 이름이다.

예수 승천 후 베드로는 예수를 대신하여 교회의 새로운 지도자 초대 교황이 되었으며 공동체를 구성하여 소유를 공동으로 할 때 자신의 소유를 속인 사람이 죽음에 이르게 하기도 했다. 이후 헤로데 1세에게 붙들렸다가 도망하여 소아시아 및 안티오키아에서 전도하였다. 기독교 전승에 따르면, 그는 로마에서 교회를 지도하던 중 네로 황제의 박해에 휘말려 거꾸로 된 십자가에 못박혀 순교하였다고 한다.

여종 1, 2

남성 1

주어진 상황과 목표

예수님이 가롯 유다에게 팔려 대제사장에게 잡혀 가신 그날 밤 베드로는 충격에 빠졌다. 베드로는 상황이 어떻게 돌아가는지 염탐하러 제사장의 집 뜰 안으로 들어가 한 무리의 사람들과 섞여 있었다.

그때 여종 하나가 베드로를 보고 다가와 말한다.

성경 말씀: 마태오 27장 69-75

(그 동안 베드로는 바깥뜰에 앉아 있었는데 여종 하나가 그에게 다가와)

여종 1 당신도 저 갈릴래아 사람 예수와 함께 다니던 사람이군요.
(하고 말하였다)

베드로 (베드로는 여러 사람 앞에서) 무슨 소린지 나는 모르겠소.
(하고 부인하였다.)

(그리고 베드로가 대문께로 나가자 다른 여종이 그를 보고는 거기 있는 사람들에게)

여종 2 이 사람은 나자렛의 예수와 함께 다니던 사람이오.
(하고 말하였다.)

베드로 (베드로는 맹세까지 하면서) 나는 그 사람을 알지 못하오.
(하고 다시 부인하였다.)

남자 1 (조금 뒤에 거기 섰던 사람들이 베드로에게 다가오며)

틀림없이 당신도 그들과 한 패요. 당신의 말씨만 들어도 알 수 있소. (하고 말하였다.)

베드로 (그러자 베드로는 거짓말이라면 천벌이라도 받겠다고 맹세하면서)

나는 그 사람을 알지 못하오.

(하고 잡아떼었다. 바로 그때에 닭이 울었다.)

(베드로는 "닭이 울기 전에 세 번이나 나를 모른다고 할 것이다." 하신 예수의 말씀이 떠올라 밖으로 나가 몹시 울었다.)

연기노트

이 장면을 이해하기 위해서는 예수님이 베드로에게 하신 말씀 **"닭이 울기 전에 세 번이나 나를 모른다고 할 것이다."** 이 말씀을 되새겨 보아야 합니다.

예수님은 자신의 십자가의 길을 제자들에게 미리 알려주었습니다. 베드로는 강하게 부정합니다. 난 결코 주님을 배신하지 않겠다! 이 맹세를 듣고 예수님은 베드로에게 예언하십니다. **"너는 나를 세 번이나 모른다고 할 것이다."**

베드로는 또 강하게 부정합니다. 그러나 결국 베드로는 남들의 눈총을 받자, 두려움에, 겁나서, 비겁하게 예수님을 부정합니다.

이 장면에서 우린 베드로라는 사람의 인물 분석이 필요합니다.

성경에 기록된 베드로는

1. 어부였습니다. (단순한 어부가 아니라 선장이었을 것입니다)
2. 리더십이 있었습니다. (다른 배들을 불러 모읍니다)
3. 형제가 있었습니다. (장남)

4. 결혼했습니다. (장모가 있었습니다) 아마도 예수님 보다 나이가 많았을 거라 생각이 듭니다.
5. 끊고 맺는 성질이 다혈질입니다. (단칼에 가족을 두고 예수님을 따라갑니다. 칼로 제사장 하인의 귀를 잘랐습니다)
6. 그는 힘이 센 건장한 체격의 소유자입니다. (그물질을 하고, 칼을 휘두릅니다)
7. 말을 잘 못합니다. (논리적으로 변명하지 못합니다)

이런 베드로가 예수님을 세 번이나 부인합니다. 왜? 무엇 때문에? 어떻게? 무슨 행동을 하면서? (몸짓, 소리짓)

한 인물을 연기하기 위해선 깊이 있는 인물 분석(연구)이 필요합니다. **Text(대본)에 나와 있는 대사 한마디를 근거로 객관적인 자료를 찾고, 상상의 나래를 펼쳐 인물을 살아 있게 만드는 것, 이것이 연기입니다.**

Text 38. 한마디 대사, 그러나 깊은 울림

시로페키니아 여자의 믿음

이 장면은 아주 짧은, 그러나 아주 극적인 장면을 연출합니다. 우리가 알지 못했던, 이해할 수 없는 예수의 단면도 보입니다.

예수는 냉정하게 여인의 청을 거절합니다. 그것도 모욕적인 말로. 그렇지만 이방인 여인은 간절했습니다. 악령 들린 어린 딸을 살리겠다는…. 여기서 이 장면은 시작됩니다.

등장인물

예수

여자 시로페키니아(이방인)에서 온 악령 들린 어린 딸을 둔 어머니.

주어진 상황과 목표

이방인 여인은 악령 들린 어린 딸을 둔 어머니였습니다. 이 여인은 먼 길을 걸어서 예수님을 찾아왔습니다(아마도 며칠, 몇 주를 걸었겠지요). 예수를 만나는 것만이 유일한 생명의 길이라는 것을 여인은 알았습니다.

성경 말씀: 마르코 7장 24- 29(마태오 15:21-28)

(예수께서 그곳을 떠나 띠로 지방으로 가셨다. 거기서 어떤 집에 들어가 아무도 모르게 조용히 계시려 했으나 결국 알려지고 말았다.

그래서 악령이 들린 어린 딸을 둔 어떤 여자가 곧 소문을 듣고 예수를 찾아와 그 앞에 엎드렸다.

그 여자는 시로페니키아 출생의 이방인이었는데 자기 딸에게서 마귀를 쫓아내 달라고 간청하였다. 그러나 예수께서는)

예수 자녀들을 먼저 배불리 먹여야 한다. 자녀들이 먹는 빵을 강아지들에게 던져주는 것은 좋지 않다. (하고 말씀하셨다.)

여자 (그래도 그 여자는) 선생님, 그렇긴 합니다만 상 밑에 있는 강아지도 아이들이 먹다 떨어뜨린 부스러기는 얻어먹지 않습니까?

(하고 사정하였다.)

예수 (그제야 예수께서는) 옳은 말이다. 어서 돌아가 보아라. 마귀는 이미 네 딸에게서 떠나갔다. (하고 말씀하셨다.)

(그 여자가 집에 돌아가 보니 아이는 자리에 누워 있었고 과연 마귀는 떠나가고 없었다.)

연기노트

여인은 예수를 만나기 전 먼 길을 왔습니다. 그리고 예수를 만나 행동했습니다(엎드렸습니다). 그리고 말했습니다. "마귀를 쫓아내 달라고" 간청했습니다. 이것이 연기 행위입니다.

이 연기 행위에 예수님은 냉정하게 반응하십니다. 그 반응에 이방 여인은 또 다시 반응합니다(논리적으로). 그 행동에 예수님은 "옳은 말이다." 반응하십니다.

이렇듯 **연기는 나와 상대배역 간의 자극과 반응, 반응에 대한 응답이 연속적으로 이어질 때 감동이 일어납니다. 마치 물 흘러가듯이 자연스럽고, 매끄럽지만, 소용돌이치는 소를 지나 거대한 바위를 휘감아 도는 물결 같은 연기가 멋진 연기입니다.**

Text 39. 토마의 불신앙

등장인물

토마(도마) 그의 아람어 이름(Te'oma)과 그리스어 이름(Didymos)은 '쌍둥이'를 뜻한다. 〈요한의 복음서〉 11장 16절에는 '쌍둥이라고 불리는 토마'라고 기록되어 있으며, 시리아인들은 그를 유다 토마(즉 쌍둥이 유다)라고 부른다.

토마라는 인물에 대한 기록은 〈요한의 복음서〉에서 찾아볼 수 있고, 예수에 대한 그의 헌신적인 사랑은 〈요한의 복음서〉 11장 5~16절에 잘 나타나 있다. 예수가 유대 지방으로 돌아가려고 하자 제자들은 예수에 대한 유대인들의 적개심("그들은 지금 선생님을 돌로 치려 하고 있습니다")을 지적했는데, 이때 토마는 "우리도 함께 가서 그와 생사를 같이합시다."라고 말했다.

최후의 만찬(요한 14:1~7)에서 예수가 "나는 다시 와서 너희를 데려가 내가 있는 곳에 같이 있게 하겠다. 너희는 내가 어디로 가는지 그 길을 알고 있다."라고 말했을 때 그 뜻을 이해하지 못해 "우리가 어떻게 그 길을 알겠습니까?"라고 물었고, 예수는 이 물음에 "나는 길이요 진리요 생명이다."라고 대답했다. 토마의 삶에서 가장 잘 알려진 사건은 '의심하는 토마'라는 말이 생겨나게 한 사건일 것이다.

예수

다른 제자들

주어진 상황과 목표

〈요한의 복음서〉 20장 19~29절을 보면 예수가 부활해서 제자들에게 처음 나타났을 때 토마는 없었다. 부활한 예수를 만난 제자들이 그에게 이 사실을 이야기하자 토마는 예수가 부활한 것을 직접 눈으로 확인하고 손으로 만져 보아야만 믿을 수 있다고 주장했다. 예수가 제자들에게 다시 나타나 특별히 토마에게 자신의 상처를 만져보도록 했을 때 토마는 '나의 주님, 나의 하느님'이라는 진리를 깨닫고, 예수의 신성을 명백하게 인정한 첫 번째 사람이 되었다.

성경 말씀: 요한 20장 24-29

	(열두 제자 중 하나로서 쌍둥이라고 불리던 토마는 예수께서 오셨을 때에 그들과 함께 있지 않았었다.)
다른 제자들	(그에게) 우리는 주님을 뵈었소. (하고 말하자 토마는 그들에게)
토마	나는 내 눈으로 그분의 손에 있는 못자국을 보고 내 손가락을 그 못자국에 넣어 보고 또 내 손을 그분의 옆구리에 넣어 보지 않고는 결코 믿지 못하겠소. (하고 말하였다.)
	(여드레 뒤에 제자들이 다시 집 안에 모여 있었는데 그 자리에는 토마도 같이 있었다. 문이 다 잠겨 있었는데도 예수께서 들어오셔서 그들 한가운데 서시며)
예수	너희에게 평화가 있기를! (하고 인사하셨다)

	(그리고 토마에게) 네 손가락으로 내 손을 만져 보아라. 또 네 손을 내 옆구리에 넣어 보아라. 그리고 의심을 버리고 믿어라. (하고 말씀하셨다.)
토마	(토마가 예수께) 나의 주님, 나의 하느님! (하고 대답하자)
예수	(예수께서는) 너는 나를 보고야 믿느냐? 나를 보지 않고도 믿는 사람은 행복하다. (하고 말씀하셨다.)

연기노트

토마(도마)라는 인물에 대해 생각해 봅니다. 그는 예수님의 부활을 믿지 못했습니다. 그래서 그는 가장 실증적인 증거를 다른 제자들에게 요구합니다. 객관적이고, 과학적인 증거, 살아있다는 증거! 내 눈으로 보고, 내 손으로 만져 확인해야 하는 사실적인 증거!

예수님은 그런 도마 앞에 나타나시어 도마에게 확인시켜 주십니다. 도마가 예수의 손과 옆구리를 보고 만져 보는 그 느낌! 상상해 보십시오. 도마가 느꼈던 그 감정, 그 충격, 그 희열! 주님께 향한 토마의 탄성이 터집니다.

"나의 주님, 나의 하느님!"

예수님이 대답하십니다. "너는 나를 보고야 믿느냐? 나를 보지 않고도 믿는 사람은 행복하다."

이 말씀을 연극에 연기에 적용해 봅니다.

무대에서 일어나는 모든 상황은 연극적입니다. 사실이 아니라 사실적입니다. 환영입니다. **눈에 보이지 않는, 내가 도저히 이해할 수 없고, 체험할 수도 없는 극적 상황을 믿어내는 것! 이것이 연기입니다.** 믿음입니다. 믿음이 있는, 연극하는 사람들은 행복합니다.

Text 40. 아나니아와 삽피라

등장인물

베드로

아나니아와 삽피라 아나니아는 '여호와는 의로우시다', 그 아내 삽비라는 '아름답다'라는 뜻. 예루살렘 교회의 교인이며 부부(행 5:1).

주어진 상황

A.D. 30년경 초대 교회의 태동기에 예루살렘 교회의 교인이었다. 이 시기에는 오순절 사건으로 인하여 예루살렘 복음이 폭발적으로 전파되고 구름떼같이 많은 사람들이 회심하였다. 뿐만 아니라 회심한 성도들 가운데 많은 사람들이 자기 전 재산을 바쳐서 그것을 나누어 쓰는 공동체 생활이 자연스럽게 형성되었다. 이러한 때에 아나니아와 삽비라의 성령기만 사건은 자칫 초대 예루살렘 교회 공동체의 순수성을 해칠 뻔한, 더 나아가 복음 전파 사업에 더욱 박차를 가하기 위해 서로 합심 단결해야 할 초대 예루살렘 교회 성도들에게 그 단결심을 해치는 등의 심각한 상처를 줄 뻔한 사건이었다.

초대 교회의 공동체 신앙생활은 오직 성령님의 감동으로 이루어진 아름다운 교회였다. 신도들은 다 한 마음 한 뜻이 되어 아무도 자기 소유를 자기 것이라 하지 않고 모든 것을 공동으로 사용하였다(사도 4장 32절). 그들 가운데 가난한 사람은 없었다. 땅이나 집을 가진 사람들이 그것을 팔아서 그 돈을 사도들 앞에 가져다 놓고 저마다 쓸 만큼 나누어 받았기 때문이다(사도 4장 34–35절). 그런데 사건이 발생한다.

성경 말씀: 사도 5장 1–10

(아나니아라는 사람은 그의 아내 삽피라와 함께 자기 땅을 판 다음 의논한 끝에 그 돈의 일부는 빼돌리고 나머지만 사도들 앞에 가져다 바쳤다. 그때에 베드로가 그를 이렇게 꾸짖었다.)

베드로 아나니아, 왜 사탄에게 마음을 빼앗겨 성령을 속이고 땅 판 돈의 일부를 빼돌렸소?
팔기 전에도 그 땅은 당신 것이었고 판 뒤에도 그 돈은 당신 마음대로 할 수 있었던 것이 아니오?
그런데 어쩌자고 그런 생각을 품었소?
당신은 사람을 속인 것이 아니라 하느님을 속인 것이오!

(이 말이 떨어지자 아나니아는 그 자리에 거꾸러져 숨지고 말았다.
이 말을 들은 사람마다 모두 두려워하였다.
젊은이들이 들어와 그 시체를 싸 가지고 내어다 묻었다.
세 시간쯤 뒤에 그의 아내가 그동안에 무슨 일이 일어났는지도 모르고 들어왔다.)

베드로 (베드로가 그 여자를 불러 놓고)
당신들이 땅을 판 돈이 이게 전부란 말이오? (하고 묻자)

삽피라 예, 전부입니다. (하고 대답하였다.)

베드로 어쩌자고 당신들은 서로 짜고 주의 성령을 떠보는 거요?

자, 당신의 남편을 묻고 돌아오는 사람들이 지금 막 문 밖에 왔소. 이번에는 당신을 메고 나갈 차례요. (하고 베드로가 말하였다.)

(그러자 그 여자도 당장 베드로의 발 앞에 거꾸러져 숨지고 말았다. 그때 그 젊은이들이 들어와 보니 그 여자도 죽어 있었으므로 떠메고 나가 그 남편 곁에 묻었다. 온 교회는 물론이고 다른 사람들도 이 말을 듣고는 모두 몹시 두려워하였다.)

연기노트

아나니아(남편)와 삽피라(아내) 이 부부 또한 독실한 신자였습니다. 자기 땅을 팔아 교회공동체에 기부합니다. 그런데 여기에 문제가 생깁니다. 땅 판 돈 전부가 아닌 일부만 교회공동체에 헌금하고, 일부는 개인의 재산으로 유지, 보관하려는 개인의 욕심이 화를 부릅니다.

부부는 훌륭한 평판을 듣고 싶어 했습니다. 그러나 땅 판 돈을 보곤 마음이 바뀌었습니다. 하느님을 조롱하고 다른 성도를 속이려 하였다. 교회의 수장이었던 베드로는 이들에게 용서 없는 죗값을 치르게 합니다.

베드로는 어떤 심정이었을까? 베드로의 성격상 베드로는 어떤 행동을 했을까요?

아나니아(남편)는 한마디 말도 못 하고 아내 삽피라는 단 한마디 말로 죽음을 당합니다. 성령을 거역한 죄! 사탄의 유혹에 빠진 죄! 그래서 예수님은 주 기도에서 "시험에 들게 하지 마시옵고, 악에서 구하소서."라는 기도를 우리에게 가르쳐 주셨는지 모르겠습니다.

배우의 연기는 착한 연기도 있지만 악한 연기, 못된 연기가 더 많습니다. 왜냐하면 대립과 갈등, 음모의 구조가 관객들의 흥미를 더욱 배가시키기 때문입니다.

생각해 봅니다. 평소 착하고, 순한, 성실한 배우가 악역을 맡아 연기를 펼치는 것과 평소 평판이 좋지 못한 불성실한 배우가 악역을 맡아 연기를 하는 것. 어느 쪽이 관객들에게 감동을 일으킬까요? 어느 쪽이 관객들의 팬덤을 만들어 낼까요? 판단은 여러분들의 몫입니다.

Text 41. 스테파노의 순교

등장인물

스테파노 스데파노(공동번역), 스테파노(가톨릭), 스데반(개신교)(그리스어: Πρωτομάρτυρας Στέφανος, 영어: Saint Stephen, 5~34)은 기독교 역사상 최초 7명 부제(집사)이자 순교자다. 기독교 성인으로 로마 가톨릭에서 12월 26일, 동방 정교회에서 12월 27일, 성공회에서 12월 26일에 그의 순교를 기억한다. 스테파노라는 이름은 그리스어로 '왕관(면류관)' 이란 뜻이 있다.

군중들

사울 회심하기 전 바울

주어진 상황과 목표

스테파노(스데반)는 초대 교회의 집사였다. 그는 예수님의 열두 제자에는 들어 있지 않지만 초대 교회의 운영을 책임지는 집사(부제)의 직분을 받은 사람이다. 스테파노는 예수를 예수 생전에 보고 만나 예수를 따랐던 신자였을 것이다(사도바울은 예수를 생전에 만나보지 못한 사람이다. "스테파노가 죽기 전 예수의 얼굴을 보았다. 얼굴을 알아보았다." 라고 성경은 기록하고 있다).

그는 청년이다. 겁이 없다. 용감하다. 왜냐하면 예수를 보고 믿고 따랐기 때문이다. 이런 그가 교회에 대한 헌신과 말씀 선포를 군중들에게 하다가 반기독교 세력에 잡히고 만다. 그는 배교(배신)하라는 산 해드린 의회 대항하여 예수를 구주로 섬기는 신앙을 끝까지 지켜 끝내 군중들의 돌팔매질에 순교를 당한다. 최초의 순교자였다.

성경 말씀: 사도 7장 54-60

(의회원들은 스데파노의 말을 듣고 화가 치밀어 올라 이를 갈았다.
이때 스데파노가 성령이 충만하여 하늘을 우러러보니 하느님의 영광과 하느님 오른편에 서 계신 예수님이 보였다. 그래서 그는)

스데파노 아, 하늘이 열려 있고 하느님 오른편에 사람의 아들이 서 계신 것이 보입니다. (하고 외쳤다.)

(그러자 사람들은 크게 소리를 지르며 귀를 막았다. 그리고 스데파노에게 한꺼번에 달려들어 성 밖으로 끌어내고는 돌로 치기 시작하였다. 그 거짓 증인들은 겉옷을 벗어 사울이라는 젊은이에게 맡겼다.
사람들이 돌로 칠 때에)

스데파노 주 예수님, 제 영혼을 받아 주십시오. (하고 부르짖었다.)
(그리고 무릎을 꿇고 큰 소리로)
주님, 이 죄를 저 사람들에게 지우지 말아 주십시오.

(하고 외쳤다. 스데파노는 이 말을 남기고 눈을 감았다.)

연기노트

이 장면은 순교 장면입니다. 재판정에서 스테반은 광장으로 끌려 나와 옷을 찢기고 군중들에게 돌팔매질 당하여 순교합니다.

다수의 군중이 등장합니다. 먹잇감을 앞에 둔 늑대떼들의 으르렁거리는 소리가 난무합니다. 그 속에 사울(회심하기 전 바울)도 있습니다.

이 장면에서 스테반은 세 번, 짧은 문장 세 개로 행동, 대사(말)를 합니다.

외쳤다. 부르짖었다. 외쳤다 (큰 소리로)

동사형 표현입니다. **연기를 할 때는 이렇게 동사형, 행동형 어구를 구체적으로 사용해야 합니다.**

머리가 깨지고 피투성이가 된 스테반의 얼굴을 상상해 보십시오. 하도 맞아서 숨쉬기가 곤란하고, 치아(이빨)도 부러지고, 턱도 무너지고 외마디 말도 하기 어려운 상황입니다.

그러나 그의 눈빛은 살아 있습니다. 왜냐하면 하늘에 계신 예수님의 영광을 보았기 때문입니다. (내면의 영상을 그려 보십시오)

하느님은 용광로 속에서도. 사자 굴에서도 다니엘과 세 명의 친구를 구원하셨습니다.

그런데 왜 이 장면에서는 스테반을 구해 주시지 않았을까요?

비밀스러운 이야기입니다. 이 비밀을 알아가는 것이 연기입니다.

스테반에게 물어봅니다. 당신은 왜? 도망치지 않았어요! 당신은 왜? 변명하지 않았어요! 당신은 왜? 이 재판정에서, 돌팔매질에서 구해 달라고 주님께 기도하지 않았어요!

묻고 싶은 게 너무도 많습니다. 그리고 답을 하나씩 찾아 깨달아 갑니다. 이게 연습입니다. 배우 훈련 과정입니다.

예수님의 십자가를 목격한 스테반. 최초의 순교자 스테반의 죽음을 목격한 사울(바울) 그리고 이어지는 초대 교회의 순교자들, 신앙의 수호자들!

아마도 연기예술 또한 이러한 대물림과 연속성 속에서 계승 발전할 수 있지 않았을까요? 그래서 교육이 필요합니다.

Text 42. 바울로에 대한 논고 - 재판

이 장면은 재판정입니다.

사도바울은 부활한 예수를 전하였다는 죄목으로 붙잡혀 대사제 아나니아가 총독에게 고소하였습니다. 당당하게 총독에게 자신의 무죄를 변론합니다.

등장인물

바울로(바울) 바울로(Paul, 고대 그리스어: Παῦλος 파울로스, 라틴어: Paulus 파울루스, 공동번역성서), 바오로(천주교), 바울(개신교)는 초기 기독교의 사도로, 신약성경의 주요 부분을 차지하는 바울로 서신을 저술한 인물이다. 신약성경 사도행전에 그는 예수를 믿는 자들을 앞장서서 박해하였으나, 예수의 음성을 들은 이후 회심하여 이후 기독교의 초기 신앙에 막대한 영향을 끼쳤다. 회심하기 전의 이름은 왕의 이름인 '요청받은 자'라는 뜻의 '사울(שָׁאוּל)'이었다. 고대 로마 속주였던 소아시아 키리키아 지방(현재의 튀르키예) 중심 도시 타르수스(다소) 출신이다. 천주교 및 정교회에서 성인으로 기리며, 축일은 베드로와 같은 6월 29일(천주교, 성공회), 7월 12일(정교회)이다.

바울로는 초기 기독교를 이끈 뛰어난 지도자 가운데 한 사람이었다. 예수가 그리스도라는 교의를 전하려는 열정으로 아프리카(북아프리카) 지역을 제외한 로마 제국의 주요 도시를 돌아다녔다. 무려 20,000km에 이르는 거리를 돌아다닌 그의 선교 여행과, 신약성서 27개의 문서 가운데 13편에 달하는 그의 이름으로 된 서신서들은 초대교회사에서 기념비적인 업적이다. 그는 자신이 선교 여행 중에 여러 번 죽을 위기를 맞았다고 말한다. 유대인에게 다섯 번 매를 맞고, 세 번 태장으로 맞고, 한 번 돌로 맞고, 세 번 배가 파선했다. 그렇게 그는 유대교와 구분된 기독교를 확립했고, 그 교회는 지금까지 명맥을 이어오고 있다. 또한 바울의 열정은 예수가 왜 그리스도인가에 대해 구약성서를 근거로 변증하는 지성적인 신앙에 뿌리를 두었다. 바울로 신학 및 서신은 기독교 교리와 역사에 미친 영향이 매우 커서 혹자는 "예수가 없었다면 바울로도 없었겠지만 바울로가 없었다면 기독교도 없었다."라고 평하기도 한다.

총독(펠릭스)

데르딜로(법관)

군중들

성경 말씀: 사도 24장 1–23

(닷새 뒤에 대사제 아나니아가 총독에게 바울로를 고소하려고 원로 몇 사람과 데르딜로라는 법관을 데리고 내려왔다.

바울로가 불려 나오자 데르딜로는 고발하기 시작하였다.)

데르딜로 펠릭스 각하, 우리는 각하의 덕분으로 크게 평안을 누리고 있습니다. 그리고 이 나라는 각하의 선견지명으로 개선되어 가고 있습니다. 우리는 언제 어디서나 각하를 환영하며 감사하여 마지 않습니다. 이제 각하께 더 폐가 되지 않도록 간단히 말씀드리겠으니 너그럽게 들어 주시기 바랍니다.

우리가 알아본 결과 이 자는 몹쓸 전염병 같은 놈으로서 온 천하에 있는 모든 유다인들을 선동하여 반란을 일으키려는 자이며 나자렛 도당의 괴수입니다.
그는 심지어 우리 성전까지 더럽히려고 하였습니다.
그래서 그를 붙잡은 것입니다.
파견대장 리시아가 와서 그를 우리 손에서 강제로 빼앗아 갔습니다.
그리고는 그를 고소하는 사람들에게 각하께 가라고 명령하였습니다.
그러하오니 각하께서 친히 그를 심문해 보시면 우리가 그를 고소하는 까닭을 다 아시게 될 것입니다.

(그러자 유다인들도 그의 논고를 지지하며 그의 말이 모두 사실이라고 주장하였다.)

(펠릭스 앞에서 해명하는 바울로)

(그때에 총독이 바울로에게 눈짓을 하여 말을 해 보라고 하자 바울로가 이렇게 답변하였다.)

바울로 저는 각하께서 여러 해 동안 이 나라 전체의 재판권을 행사해 오신 것을 알고 있습니다. 그래서 저는 기쁜 마음으로 제 자신에 대한 사실을 각하께 해명하겠습니다.
각하께서도 확인해 볼 수 있는 일입니다만 제가 순례하러 예루살렘에 올라온 지는 이제 열이틀밖에 되지 않습니다.
그동안에 성전이나 회당이나 거리에서 어느 누구와도 논쟁을 벌인 일도 없으며 군중을 선동한 일도 없습니다.
그러니 이 사람들은 지금 저를 고소하면서도 각하께 그 증거는 댈 수 없을 것입니다.

다만 제가 각하 앞에서 시인하는 것은 그들이 이단이라고 하는 그리스도교를 따라 우리 조상의 하느님을 섬기고 율법과 예언서에 기록된 모든 것을 믿는다는 사실입니다.

그리고 저를 고소하는 이 사람들과 마찬가지로 저도 하느님을 믿으며 올바른 사람이나 악한 사람이나 다 같이 부활하리라는 희망을 가지고 있습니다.

그래서 저도 하느님과 사람들 앞에 언제나 거리낌없는 양심을 간직하려고 노력하고 있습니다.

저는 제 동족에게 구제금을 전달하고 하느님께 제물을 바치러 여러 해 만에 고국에 돌아왔습니다.

제가 정결예식을 행하고 나서 그 일을 하고 있을 때 그들이 성전 안에서 저를 보기는 하였지만 제가 군중을 선동하거나 소란을 피운 일은 없습니다.

그 자리에는 다만 아시아에서 온 유다인 몇 사람이 있었는데 저를 걸어 고소할 일이 있다면 그들이 직접 각하 앞에 와서 고소했어야 할 것입니다.

그것도 아니라면 제가 예루살렘 의회에 불려갔을 때 이 사람들이 저에게서 무슨 죄목을 찾아냈는지 말해 보라고 하십시오.

다만 저는 그들 앞에 서서 "죽은 자의 부활에 관한 문제로 내가 오늘 여러분에게 재판을 받고 있소." 하고 한 마디 소리쳤을 뿐입니다.

(펠릭스는 그리스도교에 대하여 자세히 알고 있었기 때문에 파견대장 리시아가 내려 온 다음에 바울로의 사건을 심의하겠다고 하면서 재판을 연기하였다.

그리고 백인대장에게 바울로를 지키되 어느 정도의 자유를 주고 친지들의 뒷바라지를 막지 말라고 명령하였다.)

연기노트

사도 바울로(바울)는 신약성서에 나오는 예수님의 열두 제자와 70명의 전도자, 초대 교회의 7명의 집사, 모두를 포함해서 가장 학식이 높고, 똑똑한 청년이었습니다. 그는 사도바울로 회심하기 전, 사울이었을 때는 혈기 왕성한 폭력적인 인물이었습니다. 그리고 그는 로마 시민권을 가진 몇 안 되는 유대인이었기에 회심한 후 바울로는 로마제국 전역을 여행하며 교회를 세우고 예수님의 부활을 알렸습니다.

그는 논리적이고, 능변가입니다. 육체적으로는 약했지만, 그의 의지는 불변했습니다. 이런 그가 법정에서 총독 앞에서 자신을 변호합니다.

어떤 사람도 자기 할 말(대사)을 미리 따 써 놓거나, 암기해서 상대방에게 말하지 않습니다. 말하는 사람(화자)은 목적(목표)만 세우고. 대략의 계획이 있는 상태에서 시작합니다. 그리고 한마디, 한 문장의 행동(말) 뒤에 상대방의 반응에 따라 다음 행동(말)을 이어 나갑니다.

이 장면에서도 바울로를 고발하는 법관의 말 한마디 한마디에 군중들이 호응하고, 법관은 더욱 세게 말을 이어 나갑니다. 한편, 바울로(바울)는 침착하게 총독 앞에서 꿀림 없이 자신의 논조를 밝힙니다. 총독의 반응에 따라 더 구체적인 자신 행동의 정당성을 설명합니다. 총독은 로마 시민권자인 바울로를 보호하는 처분을 내립니다.

43. 예수님 말씀 Acting 하기

믿음은 들음에서 난다고 하였습니다.

예수님은 여러 장소에서 말씀했습니다. 5천 명(남자만) 이상이 모인 야외 산등성이에서, 바닷가(해변)에서, 폭풍우 치는 배 선상 위에서, 시끄러운(음악이 있는) 혼인 잔치에서, 집안에서, 거리에서, 회당 안에서, 최후의 만찬 마가의 다락방에서, 죽은 사람을 모신 영안실에서, 한적한 깊은 산속에서, 홀로 골고다 십자가 형틀 위에서…

예수님은 각각 다른 장소에서 그 주어진 상황과 목표에 맞는 자세로 호흡하시며, 상대방에게 말하셨습니다(발성). 그리고 움직이셨습니다. Acting 하셨습니다.

5천 명이 넘는 군중 앞에서 어떤 소리로 액팅 하셨을까요? 폭풍 치는 바다를 잠잠케 하신 목소리는 어떠했을까요? 상상해 봅니다.

예수님은 글(문자)로 제자들을 교육(가르침)하지 않았습니다. 오직 말씀(소리)으로만 가르치셨습니다.

사람의 감각 중에 가장 오랫동안 기억되고, 남는 것이 청각입니다. 예수님은 사람들의 마음(청각)에 대고 가르침을 주셨습니다. 그리고 기억하라 하십니다.

예수님의 제자 중 이 말씀을 기억하여 기록한 성경이 4 복음서(마태, 마가, 누가, 요한)입니다. 우리는 4 복음서 안에 있는 예수님의 소리를 들어야 합니다.

말씀을 읽는 것도 중요하지만, 예수님의 소리를 듣는 것(경청)이 가장 중요합니다. 예수님도 일방적으로 얘기하지 않으셨습니다. 말을 듣는 상대방의 반응에 따라 다음 말씀을 이어 나가셨습니다. 행동하셨습니다. Acting(연기) 하셨습니다.

예수님 말씀을 소리 내어, 움직이며 따라 해 보십시오.

語則心 (어즉심)

心則動 (심즉동)

動則語 (동즉어)

이 순환 시스템이 작동하여 여러분을 진리의 세계로 인도할 것입니다.

그러면 반드시 멋진 연기. 사람을, 감동을 주는 연기를 하실 수 있으리라 믿습니다.

4 복음서에 기록된 예수님의 말씀을 소리 내어 움직이며 연기해 보십시오.

연습, 훈련하십시오. 그리고 기도하십시오. 그러면 반드시 응답하십니다.

마지막 당부의 말

연극이나 뮤지컬을 관람하면서 전율을 (감동)을 받으신 적이 있나요?

온몸이 전기에 감전된 듯 등골이 찌릿하고, 등에 땀이 흐르는, 정신이 번쩍 들고, 내온 신경이 무대에 집중되어 황홀경에 빠지는 듯한 체험을 느껴 보신 적이 있나요?

이런 체험은 소리가 파동(진동)을 일으켜 전기 에너지를 만들기 때문입니다.

이것은 과학적으로 실험, 증명된 사실입니다.

인간의 몸은 70%가 물(수분)로 이루어져 전기 에너지의 흐름이 매우 빠르고, 그 전류가 인간의 뇌를 자극합니다. 그리고 반응합니다.

이렇듯 명배우들의 소리는 행동 하나하나에 실려 숨 쉬듯 살아 관객을 전율케 합니다. 그러나 여기에는 한가지 충분조건이 필요합니다.

받아들이는 사람(관객)의 몫입니다.

관객도 준비되어야 합니다. (관극예절, 관극훈련)

배우는 공연장에서 만나는 관객들과 교감, 교류를 통하여 이 에너지를 상호교감합니다. 배우들은 관객들로부터 에너지를 받고, 그 에너지를 배가하여 되돌려줍니다. 밀물, 썰물. 작용, 반작용의 운동법칙이 극장(공연장)에 가득 찹니다. 생명이 가득 찹니다.

성경 요한복음에 1장 1절에 **"한 처음 천지가 창조되기 전부터 말씀이 계셨다. 말씀은 하느님과 함께 계셨고 하느님과 똑같은 분이셨다. 말씀은 한 처음 천지가 창조되기**

전부터 하느님과 함께 계셨다. 모든 것은 말씀을 통하여 생겨났고 이 말씀 없이 생겨난 것은 하나도 없다. 생겨난 모든 것이 그에게서 생명을 얻었으며 그 생명은 사람들의 빛이었다"

하느님의 말씀은 소리였습니다. 뜻을 가진 소리. 목적을 가진 소리.

그 말씀(소리)이 살아 빛(전기에너지)을 만들고 그 빛은 생명을 가지게 합니다. 그래서 명배우들의 얼굴이 환하게 빛납니다.

내 주님을 사랑하는 참된 행동(몸짓과 소리짓) : **진 (眞)**

내 이웃을 사랑하는 선한 행동(몸짓과 소리짓) : **선 (善)**

균형과 조화 속에 독창성을 가지는 행동(몸짓과 소리짓) : **미 (美)**

배우는 아름다움을 창조하는 사람입니다. 그런데 그 아름다움에 참됨과 선함이 없다면 그것은 껍데기만 번지르르한 쓰레기며, 사탄의 놀음일 것입니다.

여러분은 어떤 소리를 가진, 어떤 에너지를 가진, 어떤 빛을 발하는 배우가 되고 싶으십니까?

말씀을 꼭 소리 내어 액팅 하십시오!

그 소리를 잘 듣고 반응 하십시오!

그러면 저절로 연기 능력이 향상될 것이며, 이것이 연기를 잘할 수 있는 첫걸음이 될 것입니다.

부족한 이 책이 연기자를 꿈꾸며, 훈련하는 모든 이에게 조그마한 도움이 되길 기도하며 마무리합니다.

예수님의 크신 은혜가 함께하시길 소망합니다.

2025. 8.15

차태호

Special Thanks 동국대 연극영화학과 동문이시고, 현재 새중앙교회를 사목하시는
김창용 목사님께서 본 원고를 감수하여 주셨습니다. 감사합니다.

성경에서 배우는 ACTING

초판 1쇄 발행 2025년 9월 03일
초판 2쇄 발행 2026년 3월 20일

지은이 차태호
펴낸이 박성복
펴낸곳 도서출판 연극과인간
주 소 01047 서울특별시 강북구 노해로25길 61
등 록 2000년 2월 7일 제6-0480호
전 화 (02)912-5000
팩 스 (02)900-5036
홈페이지 www.worin.net
전자우편 worinnet@hanmail.net

ISBN 979-11-7433-155-7 03680

값은 뒤표지에 있습니다.